초등 선생님과 함께하는 삼삼한 사회 공부

3단계로 배우는 3학년 사회 교과서

초등 선생님과 함께하는 삼삼한 사회 공부

3단계로 배우는
3학년 사회 교과서

초판 1쇄 인쇄 2017년 5월 4일 | **초판 1쇄 발행** 2017년 5월 10일
지은이 박신식 | **그린이** 유남영
사진 국립 고궁박물관(38쪽), 국토지리연구원(66쪽), 제천시청(92쪽), 국립 민속박물관(98쪽, 101쪽, 110쪽, 116-117쪽, 136쪽)

펴낸이 김명희
편집부장 이정은 | **편집** 차정민·이선아 | **디자인** 김명희
마케팅 홍성우·이가은·김정혜·김정선
펴낸곳 다봄 | **등록** 2011년 1월 15일 제 395-2011-000104호
주소 경기도 고양시 덕양구 고양대로 1384번길 35
전화 031-969-3073 | **팩스** 02-393-3858
전자우편 dabombook@hanmail.net

ⓒ 박신식, 2017

ISBN 979-11-85018-44-7 73300

이 도서의 국립중앙도서관 출판예정도서목록(CIP)은 서지정보유통지원시스템 홈페이지(http://seoji.nl.go.kr)와
국가자료공동목록시스템(http://www.nl.go.kr/kolisnet)에서 이용하실 수 있습니다. (CIP제어번호: 2017009588)

• 책값은 뒤표지에 표시되어 있습니다.
• 파본이나 잘못된 책은 구입하신 곳에서 바꿔드립니다.

사용연령 8세 이상　**제조국** 대한민국
제조년월 2017년 5월 10일　**제조자명** 도서출판 다봄
연락처 031-969-3073
주소 경기도 고양시 덕양구 고양대로 1384번길 35
주의사항 종이에 베이거나 긁히지 않도록 조심하세요.
　　　　　책 모서리가 날카로우니 던지거나 떨어뜨리지 마세요.
KC마크는 이 제품이 공통안전기준에 적합하였음을 의미합니다.

초등 선생님과 함께하는 삼삼한 사회 공부

3단계로 배우는 3학년 사회 교과서

박신식 글 | 유남영 그림

다봄

차례

작가의 말	· 6 ·	핵심 용어를 이해하며 사회와 친해지세요
이 책의 특징	· 8 ·	《3단계로 배우는 3학년 사회 교과서》 구석구석 둘러보기

1장 —— 우리가 살아가는 곳

위치	· 12 ·	위치의 뜻
지도	· 14 ·	지도의 필요성
깊이 알아보기	· 16 ·	**지도**
방위	· 18 ·	지도와 방위
기호	· 20 ·	지도의 기호
자연환경	· 22 ·	자연환경의 뜻
강수량	· 24 ·	강수량의 뜻
산사태	· 26 ·	자연재해의 종류와 예방
산업	· 28 ·	자연환경과 산업
인두	· 30 ·	산업 발달이 가져온 변화

2장 —— 이동과 의사소통

이동 수단	· 34 ·	이동 수단의 필요성
의사소통 수단	· 36 ·	의사소통 수단의 필요성
가마	· 38 ·	옛날의 이동 수단
비행기	· 40 ·	오늘날의 이동 수단 및 발달 과정
깊이 알아보기	· 42 ·	**교통의 발달**
봉수	· 44 ·	옛날의 의사소통 수단
휴대 전화	· 46 ·	오늘날의 의사소통 수단 및 발달 과정
널배	· 48 ·	지역에 따른 이동 수단
마을 방송	· 50 ·	지역에 따른 의사소통 수단
인터넷	· 52 ·	이동 수단과 의사소통 수단의 문제점
휠체어	· 54 ·	미래의 이동 수단과 의사소통 수단

3장 —— 사람들이 모이는 곳

중심지	· 58 ·	중심지의 뜻과 공통점
견학	· 60 ·	견학하기
교통	· 62 ·	여러 사람이 모이기 편리한 곳의 모습
노선도	· 64 ·	노선도로 고장의 중심지 찾기
위성 사진	· 66 ·	고장 중심지의 옛날과 오늘날 모습
시장	· 68 ·	새로 생기는 중심지와 옛 중심지 비교하기
깊이 알아보기	· 70 ·	**시장**
통신	· 72 ·	중심지가 새로 생기는 이유

4장 — 우리 지역, 다른 지역

지명	· 76 ·	지명과 자연환경의 관계
장승	· 78 ·	지명과 옛날 사람들의 생활 모습
교류	· 80 ·	교류의 뜻
생산물	· 82 ·	지역 간에 교류를 하는 까닭
인터넷 지도 서비스	· 84 ·	지역의 위치를 찾는 방법
교통로	· 86 ·	가까운 지역 사이의 다양한 교류
자매결연	· 88 ·	먼 지역 사이의 다양한 교류
답사	· 90 ·	지역의 자랑거리 찾기와 답사
지역 안내도	· 92 ·	지역 소개 자료 만들고 소개하기
깊이 알아보기	· 94 ·	**세계화**

5장 — 달라지는 생활 모습

화장실	· 98 ·	오늘날과 옛날 사람들의 생활 모습
버선	· 100 ·	의생활의 변화
식생활	· 102 ·	식생활의 변화
깊이 알아보기	· 104 ·	**우리나라의 식생활**
한옥	· 106 ·	주생활의 변화
놀이	· 108 ·	옛날 아이들과 오늘날 아이들의 놀이
김장독	· 110 ·	옛것과 오늘날의 것
김치	· 112 ·	김치에 담긴 조상들의 슬기
한복	· 114 ·	한복에 담긴 조상들의 멋
깊이 알아보기	· 116 ·	**한복**
보일러	· 118 ·	온돌에 담긴 조상들의 지혜

6장 — 다양한 삶의 모습들

문화	· 122 ·	문화의 뜻
추석	· 124 ·	문화에 따른 생각과 행동
젓가락	· 126 ·	비슷한 문화, 다른 문화
떡국	· 128 ·	자연환경에 따른 문화
불교	· 130 ·	종교와 사회 변화에 따른 문화
폐백	· 132 ·	옛날과 오늘날의 결혼식
돌잔치	· 134 ·	옛날과 오늘날의 출생에 관한 생활 모습
상여	· 136 ·	옛날과 오늘날의 장례와 제례
편견	· 138 ·	문화적 편견과 차별
깊이 알아보기	· 140 ·	**세계의 여러 나라**

| 선생님이 알려 주는 꿀팁 | · 142 · | 사회 공부, 이렇게 하면 백점! |

작가의 말

핵심 용어를 이해하며
사회와 친해지세요

3학년이 되어 처음 만나는 과목인 사회. 범위도 많고, 낯설고 어려운 용어도 많고, 외울 것도 많아 어떻게 공부해야 할지 모르겠다고요? 사회 과목에서 배우는 내용들이 일상생활에 도움이 되지 않는 것 같아서 흥미가 생기지 않는다고요?

사회는 지리, 문화, 경제, 정치, 역사 등 교과서에 담긴 범위가 무척 많아요. 왜일까요? 그건 바로 그만큼 사회 영역이 우리 생활에서 차지하는 비중이 크다는 뜻이기도 해요. 그리고 3학년이 되어 갑작스레 많이 접하게 되는 사회 용어들이 낯설겠지만, 우리가 살아가면서 꼭 알아야 하고 실제로 많이 사용되는 용어랍니다. 그러한 용어와 뜻과 내용은 무조건 외우는 것이 아니라 이해하는 것이 더 중요하지요.

그래서 사회라는 과목을 다른 과목보다 더 유익하고 재미있는 과목으로 만들 수 있는 방법 중 하나가 교과서에 나오는 핵심 용어에 대해 이해하는 것이에요.

《3단계로 배우는 3학년 사회 교과서》에서는 사회과의 각 단원에서 기본적으로 알아야 할

  중요한 핵심 용어를 10여 개 정도씩 뽑았어요. 그리고 그 핵심용어에 대해 선생님이 수업 시간에 설명하는 것처럼 입말체로 풀었어요. 술술 읽다 보면 교과서에 나오는 핵심 용어를 이해할 수 있을 뿐만 아니라 보다 더 깊은 내용을 알 수 있을 거예요.

  또, 핵심 용어를 잘 이해했는지 알아보기 위해 교과서에서는 만날 수 없는 다양한 형태의 문제를 3단계로 제시했어요. 객관식, 단답형, 주관식, 서술형 등 묻는 방법은 달라도 핵심 용어와 관련된 문제를 풀다 보면 핵심 용어를 보다 확실하게 이해할 수 있게 될 거예요.

  이렇게 사회과에 담겨 있는 핵심 용어를 이해하게 되면 사회과에 대한 두려움이 사라지고 자신감을 갖게 될 거예요. 그러한 자신감은 사회 과목이 아니라 우리가 살고 있는 사회에 대한 호기심을 갖게 하고 사회에 적응하는 능력을 키워 주며 보다 넓은 세상을 보는 눈을 갖게 해 줄 것이라 믿어요.

2017년 5월, 박신식

이 책의 특징

《3단계로 배우는 3학년 사회 교과서》 구석구석 둘러보기

교과서 핵심 용어
3학년 교과서에 나오는 중요한 용어들만 쏙쏙 골라 뽑았어요. 이 용어들만 알아 두어도 사회 공부가 쉬워진답니다.

다양한 3STEP 문제
각 핵심 용어에 대해서 출제될 수 있는 문제들을 3단계로 나눠서 미리 뽑았어요. 각 핵심 용어를 가지고 이렇게 다양한 형식의 문제를 낼 수 있다는 것을 미리 알아 두면 학교 시험 볼 때 큰 도움이 되겠죠?

꼼꼼한 보충 설명
핵심 용어를 이해하는 데 필요한 추가 정보들이나 중요한 단어들을 자세히 설명해 놓았어요.

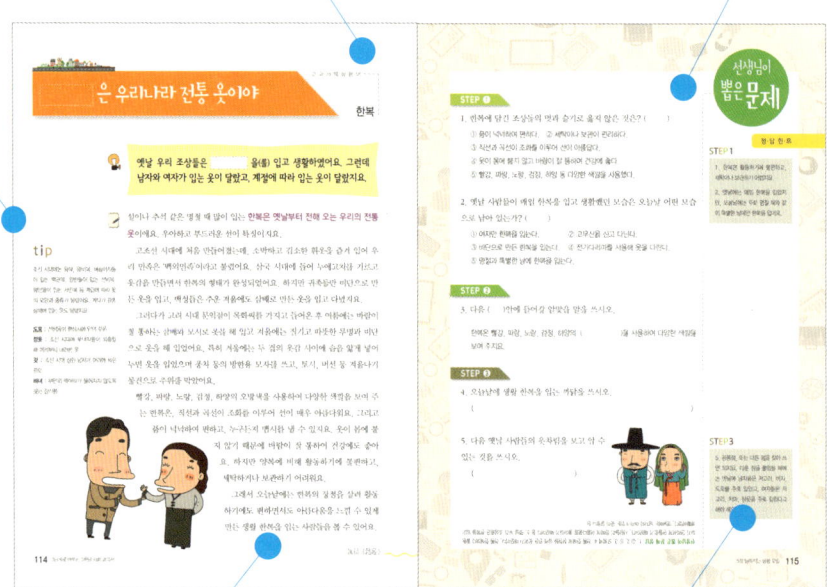

술술 읽히는 설명
마치 수업 시간에 선생님의 설명을 듣는 것처럼 알기 쉽게 각 핵심 용어를 설명했어요. 이해를 돕기 위한 그림과 사진도 풍부하게 덧붙여 놓았어요.

문제 풀이 힌트
시험 볼 때 제일 중요한 건 이 문제가 무엇을 묻는 문제인지, 답을 쓸 때 어떤 내용이나 단어가 포함되어야 하는지를 아는 거예요. 선생님이 알려 주는 힌트와 함께라면 금세 정확한 답을 알 수 있어요.

사회 과목이 어렵다고요? 그렇지 않아요. 처음 만나서 낯설 뿐이에요. 《3단계로 배우는 3학년 사회 교과서》와 함께라면 사회 과목과 친해질 수 있어요. 교과서에 나오는 핵심 용어들에 대한 자세하고 친절한 설명, 각 핵심 용어로 만든 시험 문제 그리고 문제를 푸는 데 필요한 힌트까지! 이 책을 구석구석 꼼꼼히 살펴보다 보면, 어느새 사회 교과서가 내 머릿속에 쏙 들어온답니다!

깊이 알아보기
각 장에 소개한 교과서 핵심 용어 중에서 보다 많은 내용을 알아야 하는 용어들이 있어요. '깊이 알아보기' 코너를 통해서 주요 핵심 용어에 대한 자세한 지식을 만나 보아요.

선생님이 알려 주는 꿀팁
이 책으로 열심히 공부하고도 부족한 게 있을까 봐 불안하다면, 선생님이 알려 주는 사회 공부 꿀팁을 확인해 보아요. 교과서로는 어떻게 공부하는지, 교과서 외에 어떤 공부를 더 하면 되는지 알 수 있어요.

우리 고장의 모습에 대해 알아보기

위치의 뜻 | 지도의 필요성 | 지도와 방위 | 지도의 기호 | 자연환경의 뜻 | 강수량의 뜻 | 자연재해의 종류와 예방 | 자연환경과 산업 | 산업 발달이 가져온 변화

1장 우리가 살아가는 곳

우리가 살아가고 있는 고장은 어느 곳에 위치해 있을까요?
어떤 지역의 모습을 그림으로 나타낸 '지도'를 이용하면
우리 고장의 위치를 쉽게 알 수 있어요.
그래서 다른 고장이나 다른 나라에 갈 때에도 가장 먼저 지도를 살펴보는 거예요.
그렇다면 우리 고장의 모습을 지도에 어떻게 나타낼 수 있을까요?
지도에 쓰이는 방위와 기호에는 어떤 것이 있을까요?
지도에 나타난 우리 고장은 어떤 자연환경으로 구성되어 있을까요?
그리고 우리 고장 사람들은 위험한 자연 현상을 어떻게 극복하며
어떤 일을 하면서 생활할까요?

나는 어디에 ▢ 하고 있을까?

교·과·서·핵·심·용·어

위치

교실에서 내 자리나 친구 자리의 ▢ 는 내 자리나 친구 자리가 교실에서 어디에 있는지를 뜻하고, 우리 고장에서 우리 집의 ▢ 는 우리 고장에서 우리 집이 어디에 있는지를 뜻해요.

영화를 보러 영화관에 가 본 적 있지요? 아무 데나 앉을 수 있나요? 아니지요? 영화표에 쓰인 좌석을 찾아가 앉았을 거예요.

이렇게 **무엇이 어디에 있는지를 가리켜 '위치'**라고 해요. 영화관에서 내가 앉을 자리의 위치는 내가 앉을 자리가 영화관에서 어디에 있는지를 말하는 것이지요. 그리고 교실에서 내 자리의 위치는 내 자리가 교실에서 어디에 있는지를 뜻한답니다.

자기가 살고 있는 고장의 위치는 높은 곳에서 내려다본 모습을 통해 알아볼 수 있어요. 비행기에서 땅의 모습을 찍은 사진인 항공 사진이나 인공위성에서 지구의 모습을 찍은 위성 사진을 통해 알아보거나 주소와 지도를 통해서도 알아볼 수 있답니다.

혹시 전화로 음식을 주문해 본 적 있나요? 음식을 주문할 때는 자기가 살고 있는 집의 위치를 알려 줘야 해요. 이때 대부분 주소를 말해 주지요. 주소란 사람이 살고 있는 곳이나 건물이 자리 잡고 있는 곳을 나타낸 것이에요. 주소를 알면 위치를 알고 찾아갈 수 있고, 다른 사람에게 위치를 설명하는 데 편리해요.

tip

인공위성 : 인공위성이란 지구나 달 같은 행성의 둘레를 돌도록 로켓을 이용하여 지구에서 쏘아올린 물체를 말해요. 인공위성의 종류는 목적과 용도에 따라 과학 위성, 통신 위성, 군사 위성, 기상 위성, 항법 위성 등이 있지요.

도로명 주소 : 도로명 주소란 노로에 노로명을 부여하고, 건물에는 도로에 따라 규칙적으로 건물 번호를 부여하여 도로명과 건물 번호 및 동, 층, 호 등 상세 주소로 표기하는 주소 제도예요.

• 인공위성에서 찍은 사진이에요.

선생님이 뽑은 문제

STEP ①

1. 다음 중 위치의 의미로 옳은 것은? (   )

   ① 하늘 위에서 내려다 본 것
   ② 학교 가는 길을 나타낸 것
   ③ 오늘의 시간표를 알려 주는 것
   ④ 땅의 모양을 종이 위에 나타낸 것
   ⑤ 무엇이 어디에 있는지를 나타내는 것

2. 고장의 위치를 알 수 있는 방법으로 바르지 않은 것은? (   )

   ① 주소를 확인한다.
   ② 지도를 살펴본다.
   ③ 항공 사진을 찾아본다.
   ④ 높은 곳에서 내려다본다.
   ⑤ 직접 걸어 다니며 알아본다.

STEP ②

3. 무엇이 어디에 있는지를 나타내는 것을 무엇이라고 할까?

   (   )

4. <u>인공위성에서 지구의 모습을 찍은 위성 사진을 보면</u> 고장의 (   )를 알 수 있다.

STEP ③

5. 지은이의 자리를 나타내 보시오.

   (   )

정·답·힌·트

STEP 1

1. 용어의 뜻을 정확하게 알아 두어야 해요. 위치란 무엇이 어디에 있는지를 나타내는 것이니까요.

STEP 2

4. 문제의 밑줄 친 부분은 다른 내용으로 바뀔 수 있어요. 그러므로 고장의 위치를 알 수 있는 여러 가지 방법을 기억해 두세요.

STEP 3

5. 그림을 주고 '친구의 자리를 나타내어 보시오.', '친구의 자리를 설명하시오.', '하나를 기준으로 정하고, 나머지 하나를 이용해 위치를 설명하시오.'라는 문제는 말은 조금씩 다르지만 위치를 물어보는 문제예요. 그리고 이런 문제가 나오면 반드시 앞쪽, 뒤쪽, 왼쪽, 오른쪽 등의 낱말을 사용해서 답해야 하지요.

위치를 알고 싶다면 ▢를 이용해

교·과·서·핵·심·용·어

지도

위에서 내려다본 실제 땅의 모습을 일정하게 줄여서 나타낸 그림을 ▢라고 해요. ▢를 이용하면 우리 집이나 고장의 위치를 한눈에 볼 수 있지요.

우리 집은 우리 고장에서 어디쯤 위치하고 있을까요? 그리고 우리 고장은 우리나라의 어디쯤에 위치하고 있을까요?

이렇게 우리 집이나 우리 고장의 위치를 한눈에 알아보기 위해서는 지도를 이용해요. '지도'란 **위에서 내려다본 실제 땅의 모습을 일정하게 줄여서 나타낸 그림**이에요. 즉, 지도는 땅을 축소시켜 기호와 문자를 사용해 평면에 그림으로 표현한 땅그림이에요.

지도를 이용하면 우리 고장이 어디에 위치해 있는지 한눈에 알아볼 수 있을 뿐만 아니라 장소나 건물의 위치를 찾기 쉬워요. 그래서 가고자 하는 곳의 위치를 쉽게 찾을 수 있지요.

그리고 우리 고장의 위치를 알기 위해서는 우리나라 전체 지도나 인터넷 지도를 이용하면 좋아요. 지도를 이용하면 우리 고장의 위치뿐만 아니라 우리 고장 주변에 있는 고장도 한눈에 알 수 있지요.

tip

땅의 높낮이와 색 : 지도에서는 색을 이용해 땅의 높낮이를 나타내요. 땅의 높이에 따라 초록색→노란색→갈색→고동색의 순서로 나타내지요. 즉, 고동색에 가까워질수록 높은 곳이에요. 한편, 강과 바다의 경우 깊을수록 진한 파란색으로 나타내요.

교통 지도 : 교통 지도란 역, 공항, 항구 등 고장과 고장을 이어 주는 교통 시설이 표시되어 있고 고속 도로, 국도, 철도, 항공로, 항로 등 많은 교통로를 표시한 지도예요. 그리고 많은 교통로들이 거미줄처럼 서로 엮인 상태를 교통망이라 하고 기차, 항공기, 버스, 지하철 따위의 경유지를 표시한 지도를 노선도라고 해요.

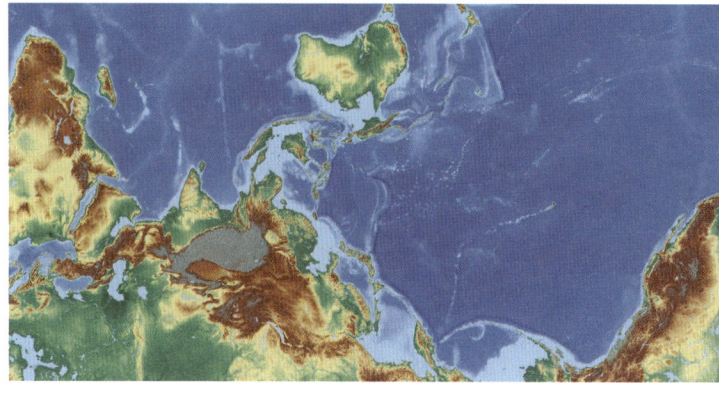

• 지도에서는 땅의 높이에 따라 색깔이 달라요.

선생님이 뽑은 문제

STEP ❶

1. 지도를 이용하면 좋은 점을 모두 고르시오. (   )

   ① 우리 고장의 날씨를 알 수 있다.
   ② 우리 고장 사람들의 이름을 알 수 있다.
   ③ 우리 고장의 위치를 한눈에 알 수 있다.
   ④ 우리 고장의 인구의 변화를 알 수 있다.
   ⑤ 다른 장소나 건물을 쉽게 찾아갈 수 있다.

2. 지도에서 가장 낮은 땅을 나타내는 색깔로 알맞은 것은? (   )

   ① 갈색   ② 초록색   ③ 노란색   ④ 고동색   ⑤ 파란색

STEP ❷

3. 우리나라 전체 (   )를 이용하면 우리 고장이 우리나라에서 어디에 위치하고 있는지 쉽게 알 수 있다. (   ) 안에 들어갈 말은?

   (   )

STEP ❸

4. 다음 여러 지도에서 우리 고장이 우리나라에서 어디에 위치하는지 살펴보기 위해 어떤 지도가 적합한지 찾고 그 까닭을 쓰시오.

   ① 고장 안내도   ② 박물관 안내도   ③ 지하철 노선도   ④ 우리나라 전체 지도

   (   )

정·답·힌·트

STEP 1

2. 지도의 색은 땅의 실제 색깔이 아니라는 것을 꼭 기억해 주세요.

STEP 3

4. 문제에서 지도 이름이 나타나 있지 않았을 때에는 '우리나라 전체 지도'라고 정확하게 니디네이 주고 그 까닭에는 '넓은 지역'을 보여 주거나 나타낸다는 것을 정확하게 써야 해요.

선생님이 뽑은 문제 정답 1. ③, ⑤ 2. ⑤ 3. 지도 4. ④, 우리나라 전체 지도가 더 넓은 지역을 보여 주기 때문이다.

깊이 알아보기

지도

• 지도의 종류는 다양해요

지도는 기능에 따라 일반도, 주제도, 특수도로 나눌 수 있어요. 일반도는 지형도나 대한민국 전도 등으로 하천, 평야, 산지 등 일반적인 사항을 종합적으로 그려 놓은 지도예요. 주제도는 기후도, 산업 분포도, 교통 지도, 인구 분포도, 관광 지도 등 사용되는 목적에 따른 지도이지요. 특수도는 항공도, 해도, 사진 지도, 지적도 등 특수한 목적으로 사용되는 지도예요.

• 지도에는 '축척'이 나타나 있어요

축척이란 지도에서 실제 거리를 나타낼 때 지표에서의 실제 거리를 축소하여 나타낸 비율을 뜻해요.
엄청나게 큰 땅덩어리를 종이 한 장에 그려 넣으려면 아주 많이 줄여야 해요. 그래서 지도에는 지구 표면의 두 지점 간 실제 거리를 짧게 줄여서 나타내고 축소 비율인 축척을 표시하고 있지요.

막대자	분수식	비율식	지도 위 1cm의 실제 거리
0 0.25 0.5 0.75 1km	$\frac{1}{25,000}$	1 : 25,000	0.25km
0 0.5 1 1.5 2km	$\frac{1}{50,000}$	1 : 50,000	0.5km
0 1 2 3 4km	$\frac{1}{100,000}$	1 : 100,000	1km

축척의 표시 방법은 비율식(1:50,000), 분수식(1/50,000), 막대자 등의 방법이 있어요. 축척의 비율은 500분의 1부터 수천만 분의 1까지 있지요. 즉, 축척에 따라 지도 위의 1cm가 실제로는 5m가 될 수도 있고 1000km가 될 수도 있는 것이에요. 축척이 1:25,000인 지도에서 1cm는 25000cm이므로 실제 거리는 250m가 되고 1:200,000인 지도에서 1cm는 200,000cm이므로 실제 거리는 2km가 되는 것이지요.

• 축척에 따라 지도의 종류가 나뉘어요

지도는 축척에 따라 대축척 지도, 소축척 지도로 나눌 수 있어요. 대축척 지도는 1:50,000 지형도,

1:25,000 지형도, 동네 지도 등 비교적 좁은 지역을 자세히 나타낸 지도예요. 지역 사회를 조사할 때 많이 이용되지요. 소축척 지도는 우리나라 전도, 세계 전도 등 비교적 넓은 지역을 간략히 나타낸 지도로, 전체적인 특징과 지역의 위치를 살펴볼 수 있어요.

• 지도는 형태에 따라 크게 '평면 지도'와 '지구본'으로 나누어요

평면 지도는 지구의 모습을 한눈에 알 수 있게 평면 위에 나타낸 지도예요. 세계의 모습을 한눈에 살펴볼 수 있고 방위와 방향을 쉽게 찾을 수 있어요. 다만 원형인 지구를 평면에 그리다 보니 지도 끝으로 갈수록 실제보다 크게 그려지거나 부분적으로 작게 그려져 땅의 모양이 실제와 달라 보이지요. 지구본이란 지구의 모양을 본떠 공 모양으로 만든 작은 모형으로, 그 위에 지형, 지명, 위도와 경도 등을 표시한 것이에요. 세계 여러 나라와 주요 도시 등 일정한 지역의 위치, 넓이 모양 등과 같은 정보를 변형 없이 비교적 정확하게 표현할 수 있어요. 하지만 둥근 공 모양이어서 한눈에 전 세계를 보기는 어려워요.

• 지도에 선이 그어져 있어요

지도를 살펴보면 위에서 아래로, 좌우로 가로지르는 선이 있어요. 바로 위도와 경도를 나타내는 선이에요. 위도선은 지구의 가로선으로, 남북으로 갈수록 커져서 북극점과 남극점은 위도가 90°예요. 그리고 위도 0°는 지구를 가로로 자를 때 생기는 가장 큰 원으로, 위도의 기준선이 되며 '적도'라고도 불러요. 보통 적도를 기준으로 가까운 곳인 위도 0~30°를 저위도, 위도 30~60°인 곳을 중위도, 위도 60~90°인 곳을 고위도라고 하지요.

경도선은 남극과 북극에서 서로 만나면서 지구를 세로로 나누는 선이에요. 경도 0°인 경도 기준선은 1884년 '국제 천문학자 회의'에서 25개 나라가 참여해 영국 그리니치 천문대를 기점으로 한 경선을 국제 표준으로 정했지요. 경도선은 시간을 나누는 선이기도 해서 경도 15도마다 1시간씩 차이가 나지요.

서울의 위치를 경도와 위도로 나타내면 동경 127도 03분, 북위 37도 16분이에요.

지도에는 ☐가 표시되어 있어

교·과·서·핵·심·용·어

방위

 지도에서는 동서남북을 이용하여 위치를 나타내는데, 이것을 ☐라고 해요.

 그림을 보면 위의 남자 어린이는 오른쪽에 도서관이 있어서 여자 친구에게 오른쪽으로 오라고 했어요. 하지만 아래 여자 어린이가 향한 방향에서는 왼쪽에 도서관이 있게 되지요. 이처럼 사람이 향한 방향에 따라 동서남북의 방향이 달라져요.

지도에서는 앞, 뒤, 오른쪽, 왼쪽으로 위치를 나타내면 헷갈리기 때문에 동서남북의 위치를 정확하게 나타내는 게 필요해요.

지도에서 한 지점을 기준으로 동, 서, 남, 북을 이용하여 다른 주변의 방향을 나타내는 것을 '방위'라고 해요. 방위를 이용하면 사람이나 건물이 향한 방향과 관계없이 위치를 나타낼 수 있어요. 그리고 지도에서 방위는 여러 가지 '방위표'를 이용하여 나타내요. 이때 방위표가 없다면 지도의 위쪽이 북쪽이 되고, 아래쪽이 남쪽이 된답니다.

지도가 없을 때에는 일반적으로 태양이 뜨는 쪽이 동쪽, 태양이 지는 쪽이 서쪽이에요.

tip

나침반 : 바늘 모양의 작은 자석이 있는 나침반이란 도구를 사용해서 방향을 찾을 수 있어요. 나침반의 빨간 바늘이 향하는 곳이 북쪽이 되지요. 북쪽이 정해지면 나머지 방위도 알 수 있답니다.
나침반을 사용하려면 나침반을 평평한 곳에 올려놓고, 나침반 바늘이 멈출 때까지 기다린 후 빨간 바늘이 북쪽(N)을 가리키도록 나침반을 돌려야 해요.

• 나침반

• 8방위표

정답 〈방위〉

선생님이 뽑은 문제

STEP ①

1. 다음 방위표에서 동쪽에 해당하는 것은 무엇인가? (   )

2. 방위와 방위표에 대한 설명으로 옳지 않은 것은? (   )

① 지도에서 방위표를 이용하여 나타낸다.
② 동서남북 방위를 통해 위치를 나타내고 알 수 있다.
③ 지도에서 위치를 나타내거나 알고 싶을 때 이용한다.
④ 방위표가 없는 경우에는 지도의 위쪽이 남쪽이 된다.
⑤ 방위를 이용하면 사람이나 건물이 향한 방향과 관계없이 위치를 나타내고 알 수 있다.

STEP ②

3. 방위표가 없는 지도에서는 (위, 아래, 오른, 왼)쪽이 북쪽이다.

STEP ③

4. 학교의 동서남북에 무엇이 있는지 쓰시오.

(   )

정·답·힌·트

STEP 1

2. 방위표를 직접 그려 보세요. 4라는 숫자와 비슷하지요?

STEP 2

3. 방위표가 없는 지도의 경우 지도의 위쪽이 북쪽, 아래쪽이 남쪽이에요.

STEP 3

4. '학교를 중심으로'라는 말을 꼭 쓰고 동쪽, 서쪽, 남쪽, 북쪽에 있는 건물을 차례대로 쓰세요. 이때, 방위표가 없더라도 지도의 위쪽이 북쪽이 된다는 것을 잊지 마세요.

선생님이 뽑은 문제 정답 1. ⓒ 2. ④ 3. 위 4. 학교를 중심으로 동쪽에는 시장, 서쪽에는 병원, 남쪽에는 우체국, 북쪽에 공원이 있다.

지도에는 사람이 쉽게 알아볼 수 있는 ☐ 가 필요해

교·과·서·핵·심·용·어

기호

지역의 모습을 그림 지도로 나타낼 때에는 실제 모습을 그대로 그리는 것이 아니라 땅의 모양이나 건물의 모습을 알기 쉽게 나타낸 간단한 그림 ☐☐☐☐ 를 이용해요.

tip

기호의 색깔: 지도에 사용하는 기호마다 고유의 색깔이 있어요. 노란색은 경찰서 등 눈에 잘 보여야 하는 건물을 나타낼 때, 초록색은 밭과 같이 낮고 평평한 땅을 나타내거나 병원이나 소방서 등의 주요 건물을 나타낼 때 사용해요. 빨간색은 등대나 과수원 등 다른 기호들과 구별하여 강조할 때나 등대와 같이 빛과 관련된 것을 나타낼 때 사용하지요. 또, 검은색은 학교, 우체국, 공장 등 대부분의 건물을 나타낼 때 사용하고, 파란색은 논, 폭포, 온천, 해수욕장 등 물과 관련된 것을 나타낼 때 사용해요.

우리가 살고 있는 고장의 그림 지도를 그려 본 적 있나요? 그림 지도는 지역의 모습을 쉽게 알아볼 수 있도록 간단한 그림으로 나타낸 지도예요.

그림 지도로 나타낼 때에는 가장 먼저 동서남북의 방위를 정해요. 그리고 우리 고장을 대표하는 것, 산과 강, 주요 도로나 철도, 하천 등 기준이 되는 것을 그리지요. 그 다음, 길 주위에 내가 알고 있는 주요 건물들을 그려야 해요.

그런데 산과 강 등 땅의 모양이나 건물의 모습을 그대로 지도에 그리면 복잡하고 시간이 많이 걸려요. 그래서 이런 경우에는 실제 모습을 그대로 그리지 않고 그림 기호를 이용하여 간단하게 나타내는 것이 좋아요. 그 후에 색을 칠해 완성하면 그림 지도가 완성되지요.

이렇게 '기호'란 그리거나 보는 사람이 각각 다르게 쓰는 것을 막기 위해 사람들이 약속을 통해 미리 정하여 지도에 사용하는 것이에요. 그래서 기호는 보는 사람이 쉽게 알아볼 수 있도록 건물의 생김새, 특징 등을 생각해서 만들어야 해요. 또, 그리는 사람에 따라 기호의 모양이 다르면 사람마다 지도를 다르게 읽어 불편하므로 모양을 본떠서 만들거나, 약속을 통해 미리 정해야 해요.

논	학교	교회	시청	우체국	공장
모양을 본뜬 기호			약속으로 정한 기호		

선생님이 뽑은 문제

STEP ①

1. 고장의 모습을 그림 지도로 나타낼 때 가장 먼저 해야 할 일은?
( )

① 색을 칠한다.　　　　　　② 동서남북의 방위를 정한다.
③ 우리 집 사진을 찍어서 붙인다.　　④ 길 주위에 주요 건물들을 그린다.
⑤ 고장을 대표하는 것, 산과 강 등을 그린다.

STEP ②

2. 지도에 나타난 기호와 기호가 의미하는 것을 바르게 연결하시오.

① ▸　　　　　• ㉠ 논
② ◎　　　　　• ㉡ 시청
③ ✚　　　　　• ㉢ 병원
④ 쬬쬬　　　　• ㉣ 우체국
⑤ 🏁　　　　　• ㉤ 학교

3. 지도에 사용하기 위해 건물의 모습을 알기 쉽게 간단히 그린 것을 무엇이라고 하는가? ( )

STEP ③

4. 시오와 종식이가 그림 지도에서 ✚모양이 그려진 곳에서 만나기로 했다. 그런데 시오는 병원 앞에서, 종식이는 약국 앞에서 기다리다 서로 만나지 못했다. 이처럼 그림 기호를 사용할 때 불편한 점은 무엇인지 쓰시오.
( )

정·답·힌·트

STEP 1

1. 고장의 모습을 그림 지도로 나타내는 순서를 꼭 이해해야 해요.

STEP 2

2. 지도에 사용하는 기호는 모양을 본떠서 만들거나 약속으로 정해요. 학교 기호는 학교 건물과 그 위에 걸린 태극기의 모양을 보고 만든 것이지요.

3. 지도에 실제 모습을 그대로 그리면 시간이 많이 걸리고 복잡해지기 때문에 기호 또는 그림 기호를 그려 사용해요.

STEP 3

4. 그림 기호의 문제점을 묻는 문제에는 '사람마다 다르게'라는 말이 공통으로 들어가야 하지요.

사람이 만들지 않은 환경은 ☐☐☐☐ 이야

교·과·서·핵·심·용·어

자연환경

산, 들, 하천, 바다 등과 같이 사람이 만들지 않은 환경을 ☐☐☐☐ 이라고 해요. ☐☐☐☐ 에는 땅의 모양 이외에도 날씨와 계절을 나타내는 기온, 눈과 비, 바람 등이 있지요.

우리 주위를 둘러보세요. 우리 주위를 둘러싸고 있는 모든 것이 환경이에요. 환경은 크게 자연환경과 사람이 만든 인문 환경으로 이루어져 있어요.

'자연환경'이란 기후, 토양, 위치, 지형 등 각 지역에 있는 자연적인 특색으로, 사람이 만든 것이 아닌 자연적으로 생겨난 환경을 말해요. 즉, 산, 들, 하천, 바다뿐만 아니라 날씨와 계절을 나타내는 기온, 눈과 비, 바람 등도 자연환경이라고 할 수 있어요. 이러한 자연환경은 각 지역 주민의 생활 모습을 다양하게 만드는 원인이 되지요.

인문 환경이란 사람이 자연환경을 바탕으로 만든 환경으로, 교통, 인구, 산업 시설, 교육, 과학, 문학, 공공시설 등 각 지역에 사는 사람들이 만든 환경을 말해요. 즉, 인문 환경이란 땅 위에서 인간 활동의 결과로 만들어진 모든 것이라고 할 수 있어요. 그러므로 다리, 도로 등의 편리한 교통 시설, 집, 공장, 학교, 아파트 등의 건물뿐만 아니라 논이나 밭, 과수원 등의 땅도 인문 환경이라고 할 수 있지요. 이러한 인문 환경은 경제, 기술, 정치, 행정, 사회, 문화적 환경으로 나누기도 해요.

tip

자연환경에 따라 볼 수 있는 모습

① 산이 많은 곳에서는 등산로, 공원, 관광지, 삼림욕장을 볼 수 있고 벌을 기르거나 약초를 캐기도 하고 버섯을 재배하는 모습을 볼 수 있어요.

② 들이 펼쳐진 곳에서는 도로, 아파트, 학교, 공장, 논과 밭을 볼 수 있고 도로와 아파트, 큰 건물을 지어 이용하거나 논과 밭에서 농사짓는 모습을 볼 수 있지요.

③ 하천 주변에서는 운동 시설, 산책로, 주차장, 다리 등을 볼 수 있고 그 시설들을 이용하거나 고기를 잡고 캠핑을 즐기는 모습을 볼 수 있어요.

④ 바다에서는 해수욕장, 선착장, 양식장, 염전 등을 볼 수 있고 그곳을 이용하는 사람들을 볼 수 있지요.

• 아파트 등의 건물은 인문 환경에 속해요.

〈양평〉 아파트 단지와 산

선생님이 뽑은 문제

STEP ①

1. 다음 중 자연환경을 모두 고르시오. ( )

   ① 논   ② 밭   ③ 산   ④ 하천   ⑤ 공장

2. 자연환경에 속하지 않는 것은 어느 것인가? ( )

   ① 들   ② 비   ③ 기온   ④ 바다   ⑤ 과수원

STEP ②

3. 다음 내용의 공통점이 무엇인지 쓰시오. ( )

   ·다리   ·도로   ·공장   ·아파트   ·인공 호수

4. 등산로, 삼림욕장은 어떠한 자연환경을 이용해서 만든 것인지 쓰시오.
   ( )

5. 다음 밑줄 친 것에 해당하는 것이 아닌 것은? ( )

   자연환경에는 산, 들, 바다 등 자연적으로 생겨난 것 외에도 <u>날씨와 계절을 나타내는 것</u>이 있습니다.

   ① 눈   ② 비   ③ 다리   ④ 바람   ⑤ 기온

STEP ③

6. 다음은 어떤 자연환경인지 쓰고 이곳을 이용하는 사람들의 생활 모습을 쓰시오.

   (1) 자연환경 : ( )

   (2) 사람들의 생활 모습 : ( )

정·답·힌·트

STEP 1

1. 논, 밭, 과수원도 사람이 만든 환경이에요.

2. 자연환경과 인문 환경을 구분할 줄 알아야 해요.

환경에는 자연환경과 인문 환경이 있어.

STEP 3

6. 자연환경에는 들, 산, 하천, 강, 바다 등이 있으므로 그중에 골라야 해요. 그리고 각 자연환경마다 이용하는 모습이 다르다는 것도 알아야 하지요.

선생님이 뽑은 문제 정답 1. ③, ④ 2. ⑤ 3. 사람이 만든 환경이다. 4. 산, 숲 5. ③ 6. (1) 강 또는 하천 (2) 주변에 농경지를 만들어 농사를 짓고, 다리를 놓아 이용하거나 물을 공급받는 등

1장 우리가 살아가는 곳 23

눈, 비가 내린 양을 ☐☐☐ 이라고 해

교·과·서·핵·심·용·어

강수량

우리나라는 여름에 ☐☐☐☐☐ 이 가장 많고, 겨울에 ☐☐☐☐☐ 이 가장 적어요. 즉, 계절별로 차이가 크지요.

우리나라는 아름다운 사계절이 있고 계절마다 기온이 달라요. 보통 7월에 가장 높고, 1월에 가장 낮아 사람들의 생활 모습에 영향을 끼치지요.

따뜻한 봄에는 꽃을 구경하러 가고, 기온과 습도가 높은 여름에는 얇은 반소매 옷을 입고 수영장이나 계곡, 바닷가에 물놀이를 하러 가요. 더위를 이겨내기 위해 시원한 것을 먹거나 선풍기나 에어컨을 사용하지요. 아침저녁으로 서늘하고, 높고 푸른 하늘을 볼 수 있는 가을에는 단풍 구경을 하러 산에 가요. 추운 겨울에는 따뜻한 옷에 목도리를 하고, 스키를 타러 가며 추위를 막기 위해 난로나 온풍기를 사용하지요.

계절마다 강수량도 차이가 나요. **'강수량'은 비, 눈, 우박의 형태로 일정 기간에 일정한 곳에 내린 물의 총량**을 말해요. 단위는 밀리미터(mm)를 사용하지요. 강수량은 7월에 가장 많고, 1월에 가장 적어요. 우리나라 강수량의 특징은 남해안과 동해안이 강수량이 많고 북한 지역, 경상북도 내륙 지역은 강수량이 적은 편이에요. 그리고 장마와 태풍의 영향으로 연평균 강수량의 약 70%가 여름에 집중되어 있지요.

강수량은 사람들의 생활 모습에 많은 영향을 끼쳤어요. 눈이 많이 오는 산간 지역에서는 눈을 활용한 스키장 등의 겨울 산업이 발달하고, 강수량이 적고 지표면에 비치는 햇빛의 양인 일조량이 많은 서해안에서는 소금을 만드는 염전이 발달했지요.

tip

눈이 많은 울릉도 : 울릉도는 동해를 지나온 습한 바람이 산에 부딪혀 눈이 되기 때문에 눈이 많은 지역이에요. 그래서 울릉도의 주민들은 우데기라는 독특한 구조를 갖춘 집에서 살았어요.

우데기 : 우데기는 지붕의 처마를 따라 안쪽에 여러 개의 기둥을 세우고, 그 기둥에 기대어 짚을 엮어 벽을 만든 것이에요. 눈이 집 안으로 들어가지 않도록 해 주고, 집과 우데기 사이의 공간을 겨울철 생활 공간으로 이용했어요.

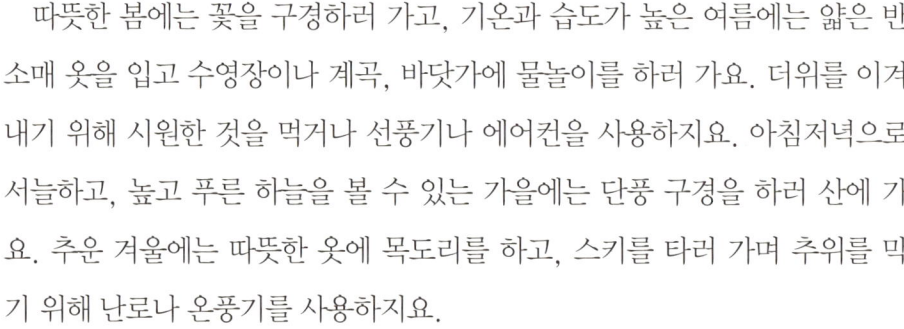

STEP ❶

1. 우리나라 계절별 날씨의 특징으로 알맞지 않은 것은? ( )
   ① 봄에는 따뜻하다. ② 겨울에는 춥고 눈이 많이 내린다.
   ③ 여름과 겨울의 강수량 차이가 없다.
   ④ 여름에는 기온이 높고 비가 많이 온다.
   ⑤ 가을에는 맑은 날씨가 계속되고 높고 푸른 하늘을 자주 볼 수 있다.

2. 가을에 볼 수 있는 사람들의 생활 모습은 어느 것인가? ( )
   ① 얇은 반소매 옷을 입는다.   ② 난로나 온풍기를 사용한다.
   ③ 따뜻한 옷과 목도리를 한다. ④ 단풍 구경을 하러 산에 간다.
   ⑤ 에어컨이나 선풍기를 사용한다.

STEP ❷

3. 다음 물건 중 여름철과 겨울철에 쓰는 물건을 골라 번호를 쓰시오.
   ① 부채   ② 샌들   ③ 난로   ④ 목도리   ⑤ 온풍기   ⑥ 선풍기

   여름 (   ),   겨울 (   )

STEP ❸

4. 다음 표를 보고 계절별 날씨의 특징에 대해 쓰시오.

구분	4월	7월	10월	1월
기온(℃)	12	26	14	-3
강수량(mm)	61	361	63	22

   (   )

정·답·힌·트

STEP 1

2. 계절별 날씨의 특징과 사람들의 생활 모습을 잘 연결할 수 있어야 해요.

STEP 2

3. 계절별로 사용하는 물건이 달라요.

STEP 3

4. 계절별 특징이라는 질문이므로 계절이 들어가야 하고 표에 기온과 강수량이 적혀 있으므로 기온과 강수량에 대한 말이 꼭 들어가야 해요.

산이 무너지는 것을 [　　　]라고 해

교·과·서·핵·심·용·어
산사태

비가 많이 오면 산에서는 [　　　]가 일어나기도 해요. 사람들은 [　　　]를 막기 위해 나무를 심고 사방 공사를 하지요.

여름철에 태풍을 경험해 본 적 있나요? 서 있기도 힘들고 나무가 넘어지기도 하고 유리창이 깨지기도 하지요. 이러한 것을 '자연재해'라고 해요. **자연재해란 황사, 가뭄, 집중 호우, 태풍, 폭설, 지진, 해일, 우박 등 자연 현상으로 인해 발생하는 피해**를 말해요. 그렇다면 지역별, 계절별 자연재해에는 어떤 것들이 있고 자연재해를 예방하기 위해 어떤 노력을 하고 있을까요?

산이 많은 고장에서는 비가 많이 오면 산사태가 나고 눈이 많이 오면 눈사태가 나기 쉬워요. 그래서 사람들은 나무를 많이 심고 빗물에 흙이 씻겨 무너지지 않도록 사방 공사를 하지요.

그리고 하천 주변의 고장에서는 여름에 비가 많이 오면 집과 논이 물에 잠겨요. 봄이나 가을에 비가 오지 않으면 땅이 갈라지고, 농작물이 말라 죽지요. 그래서 홍수나 가뭄 피해를 막기 위해서 하천 주변 지역의 사람들은 댐을 만들거나 하천을 정비하여 주변에 둑을 쌓으며, 홍수에 대비한 대피 훈련을 해요. 또, 해안·섬 지역에서는 지진과 태풍으로 인해 바닷물이 육지로 넘쳐 들어와 순식간에 모든 것을 휩쓸어 가는 해일이 일어나기도 해요. 그래서 방파제를 쌓고 대피 훈련을 하기도 하지요.

tip
계절별 자연재해

① **봄** : 황사가 불어와 사람들의 생활과 산업에 피해를 줘요.

② **봄, 가을** : 오랫동안 비가 오지 않아 물이 부족하게 되는 가뭄은 농사를 망치고 식물이 말라 죽게 해요.

③ **여름** : 집중 호우로 인해 산사태가 일어나요. 집중 호우는 하루 종 강수량이 연 강수량의 10% 이상이거나 100mm 이상의 많은 비가 10~20km 범위의 좁은 지역에 내리는 것을 뜻해요.

④ **여름~이른 가을** : 태풍의 많은 비와 강한 바람이 많은 피해를 줘요.

⑤ **겨울** : 눈이 너무 많이 내리는 폭설은 교통을 마비시키고, 눈사태를 일으키며 비닐하우스를 주저앉게 하여 농작물에 피해를 입혀요.

• 홍수로 물에 잠긴 도로와 집들

STEP ①

1. 산이 많은 지역에서 일어나는 자연 현상을 모두 고르시오. (　　)
   ① 가뭄　② 홍수　③ 해일　④ 눈사태　⑤ 산사태

2. 홍수와 가뭄을 대비하기 위한 고장 사람들의 노력으로 알맞은 것을 모두 고르시오. (　　)
   ① 댐을 만든다.　② 다리를 만든다.　③ 방파제를 만든다.
   ④ 저수지를 만든다.　⑤ 하천에 둑을 쌓는다.

STEP ②

3. 다음 (　　)안에 공통으로 알맞은 자연현상을 쓰시오.
   · 여름에 (　　)가 집중적으로 내리는 집중 호우로 인해 하천 주변 지역에서는 홍수 피해를 입기도 해요.
   · 봄이나 가을에는 오랫동안 (　　)가 내리지 않아 가뭄 피해를 입기도 해요.

STEP ③

4. 다음 사진은 무엇이며 이와 같은 것을 만든 까닭은 무엇인지 쓰시오.

(　　　　　　　　　　　　　　　)

정·답·힌·트

STEP 1
2. 자연재해의 종류와 예방 방법에 대해 잘 알아 두어요.

STEP 2
3. 홍수는 여름에 비가 집중적으로 내려 발생하고, 가뭄은 봄이나 가을에 오랫동안 비가 내리지 않아 발생하지요.

STEP 3
4. 방파제와 해일이라는 말이 꼭 들어가야 하겠지요?

고장의 자연환경에 따라 ☐이 달라졌어

교·과·서·핵·심·용·어
산업

 ☐은 생활에 필요한 물건을 만들거나 사람들을 편리하게 도와주는 일 등을 말해요. 고장의 자연환경과 발달한 ☐에 따라 그 고장 사람들이 하는 일이 달라지지요.

tip

1, 2, 3차 산업 : 산업은 무엇을 어떻게 생산하느냐에 따라 1차 산업, 2차 산업, 3차 산업 등으로 구분할 수 있어요.

① **1차 산업** : 농업, 임업, 수산업 등 땅, 바다 등에서 직접 자연 자원을 얻는 일

② **2차 산업** : 광업, 제조업, 건설업, 경공업, 중화학 공업 등 자연 자원을 가공하여 새로운 물건을 만드는 일

③ **3차 산업** : 서비스업 등 물건을 팔거나 사람을 즐겁게 해 주거나 사람들을 편리하게 해 주는 일

여러분의 고장에서는 사람들이 어떤 일을 하나요? 고장의 자연환경에 따라 고장 사람들이 하는 일이 조금씩 달라요. 들이 있는 고장에서는 농사를 짓거나 회사 일을 하는 사람들이 많고, 도로와 아파트, 큰 건물 등을 지어 이용하지요. 그리고 산이 있는 고장에서는 과수원에서 과일을 재배하거나 약초를 캐고 버섯을 재배하는 사람들이 많아요. 바다가 있는 고장에서는 고기를 잡거나 양식장을 운영하는 사람들이 많아요.

이처럼 고장마다 **생활에 필요한 물건을 만들거나 사람들을 편리하게 도와주는 일 등을 '산업'**이라고 하지요. 산업이란 농업, 공업, 수산업, 임업, 광업 등 인간이 살아가기 위하여 우리 생활에 필요한 재화나 서비스를 생산하고 보관하며 운반하는 등 생산에 관계되는 모든 활동을 말해요. 즉, 생산과 관계되는 모든 활동이라고 할 수 있지요.

고장마다 자연환경이 다르듯 고장마다 발달한 산업이 달라요. 그리고 고장마다 발달한 산업에 따라 고장 사람들이 하는 일이 서로 달라질 뿐만 아니라 고장의 모습도 변화하지요.

• 산이 있는 고장에서는 과수원에서 과일을 재배해요.

선생님이 뽑은 문제

STEP ❶

1. 부두나 등대가 있는 고장에서 주로 볼 수 있는 모습을 모두 고르시오. (　　)

   ① 고기를 잡는 모습　　② 약초를 캐는 모습　　③ 양식장을 하는 모습
   ④ 과일을 재배하는 모습　　⑤ 조선소로 출근하는 사람들의 모습

2. 들이 펼쳐진 곳에 주로 만들어 이용하는 것이 아닌 것은? (　　)

   ① 논　　② 도로　　③ 양식장　　④ 아파트　　⑤ 큰 건물

STEP ❷

3. (　　)안에서 알맞은 말에 ○표를 하시오.

   (1) (들 , 산)이 펼쳐진 곳에서는 주로 논농사를 짓고,
   (2) (들 , 산)이 펼쳐진 곳에서는 과수원에서 과일을 재배하거나 약초를 캔다.

4. 다음 내용이 옳으면 ○표, 옳지 않으면 ×표를 하시오.

   (1) 고장 사람들이 하는 일은 고장의 자연환경에 따라 달라진다.(　　)
   (2) 고장에서 발달한 산업은 고장 사람들이 하는 일에 영향을 주지 않는다.(　　)

STEP ❸

5. 어느 고장에서 옛날에는 적은 인구의 사람들이 고기를 잡는 어업이 발달했다. 하지만 오늘날은 관광업이 발달하게 되어 축제를 열고 인구도 많아지고 관광객도 많아졌다. 이처럼 고장의 생활 모습이 달라진 까닭은 무엇일까?

   (　　　　　　　　　　　　　　　　　　　　　　　)

정·답·힌·트

STEP 1

1. 등대는 바닷가나 섬 같은 곳에 탑 모양으로 높이 세워져 있는 시설로, 밤에 불을 켜서 밤에 다니는 배에게 뱃길과 위험한 곳을 알려 줍니다. 등대에는 빨간색, 흰색 등 여러 가지 색깔이 있지요. 바다에서 항구 쪽을 바라볼 때 빨간색 등대는 등대의 오른쪽이 위험하니 왼쪽으로 가라는 의미예요.

STEP 2

3. 고장의 자연환경에 따라 사람이 하는 일은 서로 달라요.

4. 고장에서 발달한 산업은 고장의 모습과 고장 사람들이 하는 일에 많은 영향을 줍니다.

STEP 3

5. 발달한 산업이 무엇이냐에 따라 고장의 모습과 고장 사람들이 하는 일이나 생활 모습도 달라지지요. 예를 들어 갯벌이 넓게 펼쳐져 있던 영종도에 국제공항이 생기면서 사람들의 생활 모습이 달라진 이유도 산업이 변하였기 때문이에요.

선생님이 뽑은 문제 정답 1. ①, ③, ⑤ 2. ③ 3. (1) 들 (2) 산 4. (1) ○ (2) × 5. 고장에서 발달한 산업이 변하였기 때문이다.

⬚ 는 옛날 다리미야

교·과·서·핵·심·용·어

인두

옛날에는 ⬚ 로 다리미질을 하고, 빨래터에서 빨래를 하였으나 오늘날에는 세탁소나 집에서 빨래와 다리미질을 해요.

오늘날 빨래터에서 손으로 빨래를 하거나 소를 이용해 농사를 짓는 모습은 잘 볼 수 없어요. 산업이 발달해서 사람들이 일하는 모습이 변화했기 때문이지요.

옛날 사람들은 초가집이나 기와집에서 생활하며 빨래터에서 손으로 빨래를 하고 인두로 다리미질을 했어요. 소를 이용해 농사를 짓고 도끼를 들고 산에 올라 나무를 베기도 했지요.

하지만 오늘날 사람들은 아파트나 큰 건물에서 생활하며 세탁기를 이용해 편리하게 빨래를 하고 전기다리미를 이용해 다리미질을 해요. 기계를 이용해 농사를 짓고 비닐하우스에서도 농작물을 기르고 있지요.

이처럼 산업이 발달하면서 옛날에 일하던 모습이 오늘날 새로운 모습으로 변화되었어요. 그리고 대장간에서 쇠를 달구어 여러 가지 연장을 만드는 일, 지게를 지고 물건을 팔러 다니는 일들은 옛날 사람들이 주로 했으며 지금은 거의 사라진 일이지요.

tip

계단식 논 : 산이 있는 고장은 넓게 펼쳐진 땅이 없고 비탈진 곳만 있어요. 그래서 산에서 내려오는 물을 이용하여 농사를 짓기 위하여 산비탈의 좁은 땅에 계단식으로 층층이 깎아 논을 만들어 농사를 지었어요. 이러한 논을 계단식 논 또는 다랭이 논이라고 하지요. 계단식 논은 산비탈의 좁은 땅에 농사를 짓기 때문에 농기계를 사용하기가 어려워요. 그래서 사람들은 손으로 농기구를 사용하여 논과 밭을 일구거나 소를 이용해 농사를 지어요.

〈윗쪽〉 계단

STEP ①

1. 오늘날 새롭게 생겨난 일은 무엇인지 모두 고르시오. (   )

   ① 모터보트를 운전하는 일　　② 빨래터에서 빨래하는 일
   ③ 인두로 다리미질을 하는 일　④ 노를 저어 배를 움직이는 일
   ⑤ 트럭으로 물건을 운반하는 일

STEP ②

2. 옛날 사람들이 하는 일이면 '옛'을, 오늘날 사람들이 하는 일이면 '오'를 쓰시오.

   1) 인두로 다리미질을 합니다.　　　　　(   )
   2) 소를 이용하여 농사를 짓습니다.　　　(   )
   3) 강에서 노를 저어 배를 움직입니다.　　(   )
   4) 트럭을 이용하여 물건을 운반합니다.　(   )
   5) 소달구지를 이용해 물건을 운반합니다.(   )
   6) 세탁소에서 빨래와 다리미질을 합니다.(   )

STEP ③

3. 오른쪽 그림은 옛날 사람들의 일하던 모습이다. 그렇다면 오늘날에는 어떤 모습으로 변화되었고 그 까닭은 무엇인지 쓰시오.

(   )

정·답·힌·트

STEP 1

1. 옛날과 오늘날의 고장 사람들이 하는 일에는 새롭게 생겨난 일도 있고 사라진 일도 있습니다.

STEP 2

2. 산업의 발달 등에 따라 사람들이 하는 일은 변했어요.

STEP 3

3. 산업의 발달로 인해 옛날과 오늘날의 일하는 모습이 달라졌어요.

이동 수단과 의사소통 수단에 대해 알아보기

이동 수단의 필요성 | 의사소통 수단의 필요성 | 옛날의 이동 수단 | 오늘날의 이동 수단 및 발달 과정 | 옛날의 의사소통 수단 | 오늘날의 의사소통 수단 및 발달 과정 | 지역에 따른 이동 수단 | 지역에 따른 의사소통 수단 | 이동 수단과 의사소통 수단의 문제점 | 미래의 이동 수단과 의사소통 수단

2장

이동과 의사소통

우리는 다른 고장과 긴밀한 관계를 맺고 서로 영향을 주고받으며 살아요.
그리고 다른 사람들과 자유롭게 소식을 주고받고 필요한 정보를 얻어야 하지요.
그래서 '이동 수단'과 '의사소통 수단'이 필요한 거예요.
그렇다면 옛날에 비해 오늘날의 이동 수단과 의사소통 수단은 어떻게 발달하였을까요?
지역에 따라 이동 수단과 의사소통 수단은 어떻게 달랐을까요?
그리고 미래의 이동 수단과
의사소통 수단은 어떻게 달라질까요?

자동차는 ☐☐☐☐ 중 하나야

교·과·서·핵·심·용·어

이동 수단

 사람들은 여행을 하거나 무거운 짐을 먼 곳에 옮기기 위해서 ☐☐ ☐☐이 필요합니다.

 친척 집에 가거나 먼 곳으로 여행을 가기 위해서는 어떻게 이동해야 할까요? 땅으로 갈 때는 자동차, 기차, 버스를 이용해야 하고, 물 위로 갈 때에는 배를, 하늘 위로 갈 때에는 비행기를 이용해야겠지요?

이동이란 사람이 오고 가거나 물건을 옮기는 것을 말해요. 그리고 '이동 수단'이란 사람들이 가고자 하는 목적지까지 빠르고 안전하게 이동할 수 있고 쉽고 편하게 짐을 옮길 때 이용하는 것으로, '교통 수단'이라고도 하지요.

우리는 생활 속에서 이동 수단을 많이 이용하고 있어요. 이삿짐 등 무거운 짐을 옮기거나, 회사에 출퇴근하거나 학교에 등·하교를 할 때, 멀리 살고 있는 친구나 친척들을 만날 때, 여행을 갈 때, 물건을 배달할 때, 우리가 살고 있는 고장이 아닌 다른 고장에 필요한 물건을 구하러 갈 때 이동 수단을 이용하지요.

이처럼 이동 수단을 이용하면 먼 곳까지 편하고 빠르게 이동할 수 있어요. 그리고 다른 지역의 고장이나 세계 여러 곳을 여행할 수 있고, 지역 생활권이 점점 넓어져 고장 간의 교류가 늘어나 필요한 것을 쉽게 구할 수도 있지요.

tip

이동 수단이 없다면?
만약 자동차와 같은 이동 수단이 없어진다면, 먼 곳에 가기 위해서는 몇 시간 전에 미리 집을 나서야 하고, 비행기 같은 이동 수단이 없어진다면 하루면 갈 수 있는 곳을 몇 달이 걸려야 갈 수 있기 때문에 무척 불편할 거예요.

이동 수단이 다른 이유는?
사람들이 이용하는 이동 수단은 서로 달라요. 그 까닭은 이용하는 목적이 다르기 때문이지요. 또, 땅, 물, 하늘 등 이용하는 길이 다르고 고장에 따라 자연환경이 다르기 때문이기도 해요.

• 기차는 먼 곳으로 가기 위한 이동 수단이에요.

STEP ❶

1. 이동 수단을 이용하는 까닭으로 옳지 않은 것은? (　　)

    ① 무거운 짐을 옮기기 위하여
    ② 학교에 갔다가 오기 위하여
    ③ 필요한 물건을 구하기 위하여
    ④ 필요한 정보를 손쉽게 얻기 위하여
    ⑤ 다른 고장에 사는 친척을 만나기 위하여

STEP ❷

2. 다음 글을 보고 물음에 답하시오.

    ㉠ 택배 기사 아저씨가 소포를 우리 집까지 배달합니다.
    ㉡ 우리나라에 도착한 소포는 트럭에 실려 물건을 모아 두는 큰 창고로 옮겨집니다.
    ㉢ 미국에서 보낸 소포는 비행기나 배를 이용하여 우리나라까지 옮겨집니다.

    1) 미국에서 보낸 소포가 우리 집까지 배달되는 과정을 순서대로 기호로 나열하시오. (　　) ⇨ (　　) ⇨ (　　)
    2) 미국에서 우리 집까지 소포를 전달하기 위해 이용한 이동 수단을 모두 쓰시오.
    (　　　　　　　　　　　　　　　　)

STEP ❸

3. 준현이는 친척 집에 가려고 지하철을 이용하였고, 성언이는 이사를 하기 위해 트럭을 이용했다. 이처럼 이동 수단을 다르게 사용하는 까닭은 무엇인지 쓰시오.
(　　　　　　　　　　　　　　　　　　　　　　　　)

정·답·힌·트

STEP 1
1. 필요한 정보를 얻기 위해서는 인터넷과 같은 의사소통 수단을 이용해요.

STEP 2
2. 소포를 배달하기 위해 여러 이동 수단을 이용한 까닭은 소포를 목적지까지 빠르고 안전하게 나르기 위해서이지요.

STEP 3
3. 이동 수단을 이용하는 목적이 다르면 사용하는 이동 수단이 달라요. 그런데 만약 같은 목적인 친척 집에 가려고 지하철과 버스를 이용했다는 문제가 나온다면 그때에는 '고장에 따라 자연환경의 차이로 서로 다른 이동 수단을 이용하기도 한다.'고 답해야 하지요. 헷갈리지 않도록 주의하세요.

선생님이 뽑은 문제 정답 1. ② 2. (1) ㉢-㉡-㉠ (2) 비행기나 배, 트럭 3. 이동 수단을 이용하는 목적이 다르기 때문이다.

스마트폰은 ☐☐☐☐☐ 이야

교·과·서·핵·심·용·어
의사소통 수단

 우리는 ☐☐☐☐☐☐을 이용하여 여러 사람과 소식을 주고받고 필요한 정보를 얻으면서 서로 관계를 맺어요.

 알림장을 깜빡 잊고 학교에 두고 왔을 때 어떻게 했나요? 친구 집에 가지 않고 친구에게 전화를 걸어서 물어봤을 거예요. 전화를 이용하면 멀리 떨어져 있는 사람과도 정보를 주고받을 수 있기 때문이에요.

이렇게 **사람과 사람 사이에 생각이나 감정을 주고받는 것을 '의사소통'이라고 하고 의사소통을 하기 위해 이용하는 것을 '의사소통 수단'이라고 하지요.** 의사소통 수단이 필요한 까닭은 필요한 정보를 손쉽게 구하기 위해서이기도 하지만 다른 사람들과 자유롭게 소식을 주고받기 위해서도 필요해요. 만약 전화기와 같은 의사소통 수단이 없다면 소식을 전하기 위하여 직접 가야 하거나, 급한 연락을 주고받을 수 없어서 피해를 입을 수도 있어요. 그리고 인터넷과 같은 의사소통 수단이 없어진다면 과제를 해결하기 위해 필요한 정보를 직접 찾아다녀야 하지요. 정말 불편하겠지요?

그런데 사람들이 이용하는 의사소통 수단은 서로 달라요. 그 까닭은 이용하는 목적이 다르고 이용하는 장소나 시간 등 상황이 다르기 때문이에요. 또한 지역에 따라 이용할 수 있는 의사소통 수단에 차이가 있기 때문이지요.

tip

인터넷: 인터넷은 전 세계 모든 종류의 컴퓨터 통신망(network)을 일정한 통신 규약(protocol)을 이용하여 연결해 놓은 것이에요. 즉, 멀리 떨어져 있는 컴퓨터들이 정보를 교환할 수 있도록 연결한 거대한 통신망이라고 할 수 있지요. 그래서 인터넷은 '정보의 바다'라고 할 정도로 많은 양의 정보가 있어요.

SNS (소셜 네트워크 서비스): 소셜 네트워크 서비스(SNS)는 인터넷상에서 특정한 관심이나 활동을 공유하는 사람들 사이에 관계망을 구축해, 새로운 관계를 맺어 주는 온라인 서비스예요.

〈음원〉 아이가수의 신곡

선생님이 뽑은 문제

STEP ❶

1. 의사소통 수단이 필요한 까닭으로 옳은 것을 모두 고르시오. (　　)

    ① 밥을 먹기 위해서
    ② 필요한 정보를 얻기 위해서
    ③ 무거운 짐을 옮기기 위해서
    ④ 차를 타고 여행을 떠나기 위해서
    ⑤ 다른 사람들과 자유롭게 소식을 주고받기 위해서

2. 의사소통 수단이 없다면 사람들은 어떤 생활을 하게 될지 모두 고르시오. (　　)

    ① 다른 고장으로 여행을 갈 수 없다.
    ② 필요한 정보를 빨리 얻을 수 있다.
    ③ 소식을 전하기 위해 직접 가야 한다.
    ④ 다른 고장에 있는 물건을 구할 수 없다.
    ⑤ 급한 연락을 받을 수 없어서 피해를 볼 수 있다.

STEP ❷

3. 다음 의사소통 수단 중 다른 사람들과 소식을 주고받기 위한 의사소통수단과 정보를 얻기 위한 의사소통 수단을 구분하여 적으시오.

    편지, 신문, 인터넷, 라디오, 텔레비전, 화상 전화

    (1) 다른 사람들과 소식을 주고받기 위한 의사소통 수단: (　　　　　　)
    (2) 정보를 얻기 위한 의사소통 수단: (　　　　　　)

STEP ❸

4. 시골에 계신 할머니께서 곶감을 보내 주셨는데 의사소통 수단이 없다면 어떤 문제가 발생할지 쓰시오.
    (　　　　　　　　　　　　　　　　　　　　　　　　　)

정·답·힌·트

STEP 1

1. 사람들은 의사소통 수단을 이용하여 소식을 주고받고 필요한 정보를 얻으면서 서로 관계를 맺습니다.

STEP 2

3. 의사소통 수단이 필요한 까닭은 소식 전달과 정보 탐색 때문이에요.

STEP 3

4. 의사소통 수단이 없다면 소식을 제때 전할 수 없지요. 그러므로 소식이라는 낱말이 꼭 들어가면 좋겠지요?

▢는 사람이 이동할 때 이용했어

교·과·서·핵·심·용·어

가마

작은 집처럼 생긴 ▢는 옛날 사람들이 사람을 옮길 때 이용한 이동 수단이에요. 한 사람이 안에 타고 여러 사람이 함께 들고 갔어요.

tip

옛날 이동 수단

① 사람이나 가축의 힘을 이용한 이동 수단
말, 가마, 인력거, 소달구지, 지게, 뗏목, 돛단배 등

• 인력거(위)와 뗏목(아래)

② 기계의 힘을 이용한 이동 수단
증기 기관차, 증기 자동차, 증기선, 열기구, 초기의 비행기, 프로펠러 비행기 등

• 증기 기관차(위)와 열기구(아래)

옛날에는 사람과 물건이 이동하는 모습이 오늘날과는 많이 달랐어요.

사람이 이동할 때는 말이나 가마 또는 인력거를 이용했지요. 그리고 물건을 나를 때는 지게와 소달구지를 이용했어요.

또, 통나무를 여러 개 이어 붙여서 만든 배인 뗏목을 이용했는데 사람이 직접 노를 저어 이동했어요. 그 후, 배에 돛을 달아 바람의 힘을 이용하여 움직이는 돛단배를 이용했지요. 하늘을 이용한 이동 수단은 없었어요.

이러한 옛날 이동 수단은 대부분 사람이나 가축의 힘을 이용했어요. 그리고 자연에서 쉽게 구할 수 있는 재료로 만들었지요. 그런데 이동하는 데 힘이 많이 들고 시간이 많이 걸렸어요. 많은 물건을 한 번에 옮기기 어려웠고 날씨의 영향도 많이 받아 불편했지요.

그래서 시간이 흐르면서 기계의 힘을 이용한 이동 수단들이 만들어졌어요. 석탄을 태워 물을 끓이고 그때 나오는 증기의 힘을 이용한 증기 기관차와 증기 자동차, 바람이 없어도 움직일 수 있는 배인 증기선 등이에요. 그리고 커다란 풍선처럼 생긴 열기구와 프로펠러 비행기도 이용했어요. 하지만 이들 이동 수단도 오늘날의 이동 수단에 비하면 매우 느렸답니다.

• 옛날 우리나라 왕실 여성들이 쓰던 가마예요.

선생님이 뽑은 문제

STEP ❶

1. 옛날에 이용한 이동 수단의 하나로, 짐을 등에 지고 나를 수 있게 만든 도구는 무엇인가? (   )

   ① 가마   ② 뗏목   ③ 지게   ④ 인력거   ⑤ 소달구지

2. 다음 이동 수단의 공통점은 무엇인가? (   )

   열기구   증기 기관차   프로펠러 비행기

   ① 나무를 이용해 만들었다.   ② 기계의 힘을 이용하였다.
   ③ 날씨의 영향을 받지 않는다.
   ④ 물 위에서 이용한 이동 수단이다.
   ⑤ 많은 사람들을 한꺼번에 옮길 수 있다.

STEP ❷

3. 다음 이동 수단의 이름을 각각 쓰시오.

   ㉠ : (   )   ㉡ : (   )

STEP ❸

4. 바다 위를 이동할 때 이용되는 해상 교통수단인 돛단배가 뗏목보다 나중에 이용된 까닭은 무엇인지 쓰시오.

   (   )

정·답·힌·트

다양한 이동 수단이 있네!

STEP2

3. 사람이나 가축의 힘을 이용하여 사람이나 물건을 운반하는 데 이용한 옛날의 이동 수단이에요.

STEP3

4. 뗏목은 통나무를 여러 개 이어 붙여서 만든 이동 수단으로 사람이 노를 저어야 움직이지만, 돛단배는 돛을 달아 바람의 힘을 이용하여 움직여요. 그러므로 돛단배는 바람의 힘으로 움직인다는 내용과 기술과 지혜가 필요하다는 내용이 둘 다 들어가야 설득력이 있어요.

선생님이 뽑은 문제 정답 1. ③ 2. ② 3. ㉠ 인력거 ㉡ 말 4. 예시답 사람의 힘으로 움직이고, 물살이나 바람의 영향을 많이 받는 뗏목보다 돛단배의 이동성이 한층 좋아지기 때문에 기술이 많이 필요하기 때문이다.

비행기는 하늘을 나는 이동 수단이야

교·과·서·핵·심·용·어
비행기

 ☐☐☐☐를 이용하면 하루만에 지구 반대쪽에 있는 나라에 갈 수 있는데, 만약 ☐☐☐☐가 없어진다면 몇 달이 걸려요.

tip

이동 수단의 발달 과정

도로: 말, 가마, 소달구지 → 인력거 → 증기 자동차 → 디젤 자동차 → 전기 자동차

• 전기자동차

철로: 증기 기관차 → 디젤 기관차 → 전기 기관차 → 자기 부상 열차

• 전기 기관차

해상: 뗏목 → 돛단배 → 증기선 → 쾌속선

• 쾌속선

항공: 열기구 → 초기의 비행기 → 프로펠러 비행기 → 비행기 → 우주 왕복선

오늘날에는 과학 기술의 발달로 다양한 이동 수단이 발달했어요.

땅 위에서는 석유를 원료로 이용하여 사람과 물건을 운반하는 디젤 자동차와 전기 자동차, 오토바이 등이 이용되고 철로 위에서는 디젤 기관차, 전기 기관차, 자기 부상 열차 등이 이용되고 있지요. 그리고 물 위에서는 쾌속선, 요트 등을 이용하고 하늘에서는 여객기와 우주 왕복선을 이용하고 있어요.

오늘날의 이동 수단은 옛날의 이동 수단에 비해 대부분 기계의 힘을 이용하고, 먼 거리도 안전하고 빠르게 이동할 수 있어 편리하지요. 게다가 동시에 많은 사람들이나 짐을 이동시킬 수 있어요.

다양한 산업용 이동 수단

컨테이너 트럭	레미콘	화물선	유조선

물건을 실은 컨테이너를 운송하는 차량	회전하는 커다란 통이 장착되어 새로 만든 시멘트를 운송하는 차량	물건을 실은 컨테이너를 운송하는 선박	석유류를 운송하는 선박

선생님이 뽑은 문제

STEP ①

1. 다음 중 가장 최근에 발달한 항공 이동 수단은 어느 것인가? (   )

   ① 여객기 ② 열기구 ③ 우주 왕복선 ④ 초기의 비행기 ⑤ 프로펠러 비행기

2. 오늘날의 이동 수단이 옛날과 비교하여 달라진 점은 무엇인지 모두 고르시오. (   )

   ① 기계의 힘을 이용하지 않게 되었다.
   ② 사람이 한꺼번에 많이 탈 수 있게 되었다.
   ③ 물건을 실어 나르는 이동 수단이 없어졌다.
   ④ 크기가 매우 작고 이용하기가 불편해졌다.
   ⑤ 짧은 시간에 먼 곳까지 갈 수 있게 되었다.

STEP ②

3. 아래 이동 수단들을 옛날과 오늘날의 이동 수단으로 구분하여 각각 쓰시오.

   가마, 트럭, 돛단배, 비행기, 인력거, 쾌속선, 소달구지, 전기 기관차

   • 옛날 : (   )
   • 오늘날 : (   )

STEP ③

4. 오늘날의 이동 수단이 옛날의 이동 수단과 달라진 점을 쓰시오.
   (   )

정·답·힌·트

STEP 1

1. 항공 교통수단은 '열기구→초기의 비행기→프로펠러 비행기→여객기→우주 왕복선'의 순서로 발달했어요. 다른 이동 수단의 발달 과정도 잘 기억해 두세요.

2. 오늘날의 이동 수단은 먼 거리도 안전하고 빠르게 이동할 수 있고, 동시에 많은 사람들이나 짐을 이동시킬 수 있어요.

STEP 2

3. 옛날 사람들이 이용한 이동 수단은 주로 사람이나 가축의 힘을 이용하였고, 오늘날 사람들이 이용하는 이동 수단은 주로 기계의 힘을 이용해요.

STEP 3

4. 옛날의 이동 수단은 사람이나 가축의 힘을 이용하였기 때문에 힘과 시간이 많이 들었지만, 오늘날의 이동 수단은 기계의 힘을 이용하여 이동하는 데 시간이 적게 걸리고 많은 물건과 사람을 실어 나를 수 있어요.

선생님이 뽑은 문제 정답 1. ③ 2. ②, ⑤ 3. (1) 옛날 - 가마, 돛단배, 인력거, 소달구지 (2) 오늘날 - 트럭, 비행기, 쾌속선, 전기 기관차 4. 시간과 힘이 적게 들고, 동시에 사람들이 함께 이용할 수 있다. 먼 거리까지 빠르게 이동할 수 있다. 많은 물건을 이동시킬 수 있는 교통수단이 있다. 많은 물건을 이용할 수 있다.

2장 이동과 의사소통

깊이 알아보기

교통의 발달

• 철도 교통의 발달

최초의 철도 교통인 증기 기관차는 증기 기관을 기차에 달아 움직이게 한 거예요. 기차 안에서 석탄을 태워 물을 끓이고 그때 나오는 수증기의 힘으로 터빈을 돌려서 바퀴를 움직였어요. 그 후 1879년에는 20명을 태울 수 있는 전기 기관차가 시속 12km로 사람들 앞에서 달렸어요. 매연이나 소음은 적었지만 변전소 등의 전기 설비가 필요하다는 불편함 때문에 더 이상 발전하지 못했지요. 1897년에는 독일의 루돌프 디젤이 디젤 기관을 발명했어요. 디젤 기관의 열효율은 증기 기관의 4배나 되었기에 디젤 기관차는 빠르게 발전했어요.

철도는 지상에서뿐만 아니라 지하에도 만들어졌어요. 지하철은 1863년 영국 런던에서 처음 운행된 뒤 1890년에 전기 철도 방식의 지하철이 탄생되었어요. 그 후 전 세계 여러 도시에서 지하철을 건설하기 시작했지요.

그 밖에도 한 시간에 200km 이상 달릴 수 있는 고속 열차가 만들어졌어요. 고속 열차는 비행기보다는 조금 느리지만 사람과 짐을 나르는 운송 면에서는 비행기보다 뛰어나지요.

• 우리나라에도 고속 열차인 KTX가 있어요.

• 도로 교통의 발달

세계 최초의 자동차는 1769년 프랑스인 니콜라스 조셉 퀴뇨가 만든 증기 자동차예요. 바퀴가 3개인 삼륜차였고 힘은 좋았지만 방향을 조절하기 힘들고 느렸지요. 그 후 축전지를 이용한 전기 자동차가 만들어졌지만 축전지가 너무 무겁고 충전하는 데 시간이 오래 걸려 불편했어요.

1885년에 독일의 칼 벤츠가 세계 최초로 전기 점화 장치와 가솔린 기관을 단 가솔린 자동차를 만들었고, 디젤 기관을 사용한 디젤 자동차가 만들어진 뒤 다양한 종류의 자동차들이 만들어졌어요.

• 수상 교통의 발달

배는 바람의 힘이나 사람이 노로 젓는 힘으로 움직였어요. 그러다가 1802년에 영국에서 증기 기관을 이용해

최초의 증기선인 샤롯 던데스 호를 만든 후 많은 증기선이 만들어졌지요. 그리고 1905년 디젤 기관을 단 배가 처음으로 만들어져 배의 속력이 더 빨라졌어요. 현대에 들어서는 원자력을 동력으로 이용한 원자력선도 만들어졌답니다.

• 항공 교통의 발달

1783년 프랑스의 몽골피에 형제가 더워진 공기는 위로 올라간다는 점을 이용해서 종이와 천으로 지름 10m 크기의 열기구를 만들어 띄웠어요. 그리고 1852년 앙리 지파르는 물고기 모양의 기구에 공기보다 가벼운 기체(수소 가스나 헬륨 가스)를 넣은 뒤 아래에 프로펠러를 움직이는 증기 기관을 단 비행선을 만들었지요.

1903년에는 미국의 라이트 형제가 작고 가벼운 가솔린 엔진과 프로펠러를 글라이더에 달아 비행기를 만들었어요. 그렇게 시작된 비행기는 1940년대에 들어와 빠르게 발전했고 1969년 아폴로 11호의 달 착륙 성공과 1981년 우주 왕복선 콜럼비아호의 발사 성공으로 항공 교통의 우주선 시대를 열게 되었어요.

• 라이트형제가 만든 비행기가 첫 비행에 나섰어요.

• 우주 왕복선으로 우주를 여행할 날이 올 거예요.

옛날에는 □□가 가장 빠른 의사소통 수단이었어

교·과·서·핵·심·용·어
봉수

 높은 산에 봉수대를 설치하고 낮에는 연기, 밤에는 햇불을 이용하여 나라의 급한 일을 전한 의사소통 수단은 □□□예요.

 옛날에는 멀리 떨어진 곳에 사는 사람들과 어떻게 의사소통을 했을까요?

급한 소식을 전해야 할 때에는 파발, 봉수, 신호연 등이 이용되었어요. 파발은 나라의 중요한 일을 담은 편지나 문서를 파발꾼이 직접 가서 전한 의사소통 수단이에요. 비밀을 유지할 수는 있었지만 사람이 먼 거리를 이동해야 하기 때문에 비용이 많이 들었어요.

봉수는 높은 산에 봉수대를 설치하고 낮에는 연기, 밤에는 햇불을 이용해 소식을 전했어요. 또, 신호연은 무늬와 색깔이 다른 연을 이용하여 약속된 신호를 보냈지요. 봉수와 신호연은 먼 거리까지 빨리 전할 수 있었지만 비밀을 유지할 수 없었고 날씨의 영향을 많이 받았어요.

급하지 않은 안부를 전할 때에는 편지인 서신이나 서찰을 보냈고, 전신을 이용하기도 했어요.

이러한 옛날 의사소통 수단은 한 번에 많은 소식을 자세히 전하기 어려웠고 시간이 많이 걸려, 먼 곳에 있는 사람과 자주 연락을 주고받기 어려웠지요.

tip

보발과 기발 : 파발은 말을 이용하는 '기발'과 사람이 직접 걸어서 가는 '보발'로 나뉘어요.

전신 : 문자나 숫자를 전기 신호로 바꾸어 전파나 전류로 보내는 의사소통 수단.

봉수대의 연기가 나타내는 의미

적의 침입이 없는 평상시

적이 나타났을 때

적이 가까이 왔을 때

적이 쳐들어왔을 때

적과 싸움이 시작되었을 때

〈정답〉 봉수

STEP ❶

1. 옛날의 의사소통 수단에 대한 설명으로 바른 것은? ( )

   ① 간단한 소식만 전할 수 있었다.
   ② 빠른 시간에 소식을 전달할 수 있었다.
   ③ 누구나 손쉽게 소식을 주고받을 수 있었다.
   ④ 다양하고 복잡한 정보를 주고받을 수 있었다.
   ⑤ 그림이나 문자도 편리하게 주고받을 수 있었다.

STEP ❷

2. 다음 봉수의 연기 모양이 전하는 뜻을 바르게 연결하시오.

   ①    • ㉠ 적이 나타났을 때

   ②    • ㉡ 적이 가까이 왔을 때

   ③    • ㉢ 아무 일도 없을 때

                            • ㉣ 적과 싸움이 시작되었을 때

STEP 2

2. 적의 침입이 없는 평상시에는 연기나 불을 한 개 피워 올렸어요.

STEP ❸

3. 옛날 사람들은 아래 그림의 의사소통 수단을 어떻게 이용했는지 쓰시오.

   (1) 의사소통 수단 이름
   (   )

   (2) 이용 방법
   (   )

STEP 3

3. 옛날에는 봉수가 가장 빠른 의사소통 수단이었어요.

스마트폰은 ☐☐☐☐☐가 발전한 거야

교·과·서·핵·심·용·어
휴대 전화

 ☐☐☐☐☐는 이동하면서 다른 사람과 통화를 하고, 문자, 그림, 정보도 주고받을 수 있는 의사소통 수단이에요.

 친구에게 전할 말이 있을 때 전화를 하거나 전자 우편을 이용해 선생님께 과제를 제출해 본 적 있지요?

오늘날 우리는 전화나 전자 우편을 비롯하여 다양한 의사소통 수단을 이용해요. 급한 소식이나 안부를 전할 때 우체국을 통하여 편지, 소포, 전보 등을 전달하는 우편, 인터넷을 이용하여 정보를 주고받는 전자 우편, 전화선으로 연결된 사람들과 통화를 하는 유선 전화 등을 이용하지요.

필요한 정보를 주고받기 위해 멀리 떨어진 곳에 있는 사람과 그림, 문자를 주고받을 수 있는 팩시밀리나 언제 어디서나 짧은 시간에 다양하고 많은 정보를 얻을 수 있는 인터넷을 이용하기도 하지요.

이동하면서 다른 사람과 통화를 하고, 문자, 그림, 정보도 주고받을 수 있는 휴대 전화를 이용하고, 인공위성을 이용하여 세계 어느 곳에서나 일어나는 소식을 쉽게 주고받을 수도 있어요.

이처럼 오늘날에는 기계의 힘을 이용하거나 전기 신호를 이용해서 먼 곳에 있는 사람과도 편리하게 연락하고, 빠르고 정확하게 소식을 주고받을 수 있어요. 이러한 의사소통 수단의 발달로 인해 생활에 필요한 정보를 쉽게 얻을 수 있고, 시장에 직접 가지 않고도 물건을 살 수 있어요. 회사에 가지 않고도 집에서 일을 할 수도 있게 되었답니다.

tip
전화기의 발달 과정

수동식 전화기 ⇨ 자동식 전화기

핸들을 돌려서 이용   다이얼을 돌려서 이용

⇨ 전자식 전화기 ⇨ 휴대 전화

버튼을 눌러서 이용   통화와 문자 기능

⇨ 스마트폰

정보 찾기, 전자 우편, 음악이나 영화 감상, 화상 전화 등 다양한 기능이 추가됨

선생님이 뽑은 문제

STEP ①

1. 멀리 떨어진 곳에 사는 사람의 얼굴을 보고 목소리를 들으며 대화를 나눌 수 있는 의사소통 수단은 무엇인가? (   )

① 편지   ② 봉수   ③ 텔레비전   ④ 화상 전화   ⑤ 팩시밀리

2. 인터넷을 이용한 생활 모습이 아닌 것은 어느 것인가? (   )

① 사이버 박물관을 견학하였다.
② 전자 민원서류를 발급받았다.
③ 집에서 영화 예매표를 구입하였다.
④ 기차역에 가서 기차표를 예매하였다.
⑤ 인터넷 쇼핑몰을 이용하여 물건을 구입하였다.

STEP ②

3. 아래 의사소통 수단들을 옛날과 오늘날의 의사소통 수단으로 구분하여 쓰시오.

봉수, 파발, 인터넷, 신호연, 팩시밀리, 휴대 전화, 화상 전화

• 옛날 : (   )   • 오늘날 : (   )

STEP ③

4. 오늘날 의사소통 수단으로 할 수 있는 일을 쓰시오.
(   )

정·답·힌·트

STEP 1

2. 예전에는 직접 가서 소식을 전하거나 필요한 정보를 구할 수 있었지만 지금은 의사소통 수단을 통해 직접 가지 않고도 필요한 정보를 구할 수 있게 되었어요.

STEP 2

3. 과학 기술의 발달로 의사소통 수단이 발달하게 되었어요.

STEP 3

4. 오늘날의 의사소통 수단과 할 수 있는 일이 꼭 들어가는 것이 좋아요. 만약 문제가 '컴퓨터로 할 수 있는 일을 쓰시오.'라고 묻는다면 '인터넷 쇼핑을 할 수 있다, 직접 가지 않고도 필요한 물건을 살 수 있다. 자료를 찾을 수 있다.' 등의 내용을 써야 하겠지요?

선생님이 뽑은 문제 정답 1. ④ 2. ④ 3. (1) 옛날-봉수, 파발, 신호연 (2) 오늘날-인터넷, 팩시밀리, 휴대 전화, 화상 전화 4. 인터넷 통신망을 이용하여 사진과 동영상을 주고받을 수 있다. 휴대 전화로 인터넷 검색을 이용하여 필요한 자료를 찾을 수 있다. 등

□□는 물 위에 떠다니는 배가 아니야

교·과·서·핵·심·용·어

널배

갯벌이 있는 지역에서 조개를 캐고 낙지를 잡아 운반하거나 이동할 때에는 널빤지로 만든 특별한 이동 수단인 □□를 이용해요.

모든 지역에서 똑같은 이동 수단을 이용할까요? 아니에요. 지역마다 자연환경이 다르고, 인구 구성이나 이동 목적이 다르기 때문에 지역에 따라 특별하게 이용하는 이동 수단이 있어요.

산이 있는 지역에서는 높은 곳까지 쉽고 빠르게 이동하기 위하여 케이블카를 이용해요. 특히, 울릉도는 높고 경사진 곳에 밭이 많기 때문에 농사를 짓기 위해서 높고 가파른 곳을 자주 오르내리며 수확한 농작물, 농기구나 비료를 운반해야 해요. 하지만 트럭이 다니기 어렵고 지게에 짐을 지고 나르기도 어렵기 때문에 모노레일을 이용해 수확한 농작물, 농기구나 비료를 운반해요.

바닷물이 드나드는 모래사장이나 갯벌이 있는 지역에서는 조개나 낙지를 잡아 운반하거나 이동할 때 넓은 판자로 만든 널배를 이용해요.

큰 도시에서는 강을 따라 이동하는 수상 택시를 출퇴근용이나 관광용으로 이용하기도 하고 거리는 가깝지만 마을과 마을이 바다를 사이에 두고 있는 곳에서는 사람이 직접 줄을 당겨 배를 움직이는 갯배를 이용하기도 해요.

tip

울릉도의 택시 : 울릉도에서는 일반 자동차 택시가 아니라, 가파른 산에 잘 오를 수 있고 눈에 잘 미끄러지지 않는 지프 택시를 이용해요.

• 울릉도에서는 모노레일을 이용해 높은 곳으로 짐을 운반해요. 모노레일은 하나의 철길을 따라 가파른 곳을 오르내릴 수 있는 이동 수단이에요.

정답〉 널배

선생님이 뽑은 문제

STEP ❶

1. 다른 지역에서는 흔하게 볼 수 없는 특별한 이동 수단은? (   )

  ① 기차   ② 널배   ③ 버스   ④ 트럭   ⑤ 자전거

2. 특별한 이동 수단과 그것을 이용하는 지역의 특성이 바르게 짝지어 지지 않은 것은? (   )

  ① 모노레일 : 평야 지역
  ② 널배 : 갯벌이 있는 지역
  ③ 케이블카 : 산이 있는 지역
  ④ 지프 택시 : 눈이 많이 오는 지역
  ⑤ 수상 택시: 큰 도시에 강이 발달한 지역

STEP ❷

3. (   )은 높고 경사진 곳에 밭이 많은 울릉도 지역에서 농사에 이용되는 이동 수단이다. 가파른 길을 오르내리면서 수확한 농작물, 농기구나 비료를 운반해 준다.

STEP ❸

4. 아래 사진의 이동 수단 이름을 쓰고 이 이동 수단을 이용하는 지역의 특징을 쓰시오.

  (1) 이동 수단 이름
     (   )
  (2) 지역의 특징
     (   )

정·답·힌·트

STEP 1
2. 지역마다 다른 환경 때문에 특별한 이동 수단을 이용하지요.

STEP 3
4. 지역마다 자연환경이 다르기 때문에 지역마다 다른 특별한 이동 수단을 볼 수 있지요.

촌락의 마을 회관에는 ☐☐☐을 할 수 있는 시설이 있어

교·과·서·핵·심·용·어
마을 방송

 촌락에서는 마을의 중요한 일을 사람들에게 알릴 때 ☐☐☐을 이용합니다. ☐☐☐은 한 번에 마을 사람들에게 소식을 알릴 수 있어 편리하지요.

 지역마다 특별한 의사소통 수단이 있어요. 도시에서는 높은 빌딩 위에 뉴스와 신문을 보여 주는 전광판을 통해 새 소식을 알 수 있고, **버스 도착 정보 안내 시스템**으로 버스를 무작정 기다리지 않고 탈 수 있지요. 요즘에는 스마트폰을 활용해 언제 어디서든 버스 정류장에 버스가 언제 도착하는지 알 수 있게 되었어요.

촌락에서는 마을 방송을 이용하여 촌락에서 마을의 중요한 일이나 소식을 마을 사람들에게 한 번에 알리기도 하고, 휴대 전화로 소식을 주고받기 어려운 높은 산이 있는 지역에서는 무전기를 이용하여 소식을 주고받을 수 있어요.

과학 기술의 발달로 의사소통 수단은 계속 발전하고 우리의 생활은 더욱 편리해지고 있어요. 예를 들어, 정해진 길을 안내만 하던 길도우미(내비게이션)가 이제는 막히는 길과 막히지 않는 길을 구분하여 더 빨리 목적지에 도착할 수 있도록 안내하고 있지요. 또, 과거에는 휴대 전화로 목소리와 문자 메시지만을 주고받을 수 있었지만 지금은 화상 통화와 인터넷을 통해 멀리 떨어져 있는 사람들과 회의를 하고 자료를 주고받을 수 있어요.

tip

버스 도착 정보 안내 시스템: 각 버스에 위성 항법 장치(GPS)를 설치하여 인공위성과 연결시켜 운행 상황을 교통 정보 센터로 보내면 이를 각 정류장에 설치된 디지털 안내판에 표시해 주는 시스템. 승객들은 몇 분 뒤에 버스를 탈 수 있는지 확인할 수 있고, 버스를 타고 있는 승객도 언제 목적지에 도착할 수 있는지를 알 수 있어요.

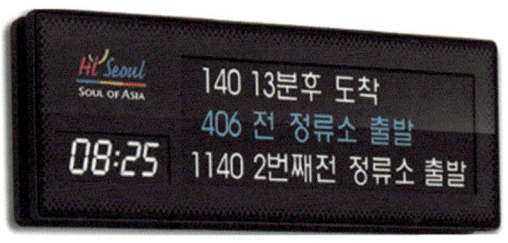

선생님이 뽑은 문제

STEP ❶

1. 휴대 전화로 소식을 주고받기 어려운 산이나 높은 지역에서 이용하는 의사소통 수단은? (   )
   ① 인터넷   ② 무전기   ③ 팩시밀리   ④ 마을 방송   ⑤ 내비게이션

2. 다음 중 마을 방송을 이용할 때의 좋은 점은? (   )
   ① 친구들에게 소식을 알릴 수 있다.
   ② 깊은 산속에서도 소식을 전할 수 있다.
   ③ 마을 사람들에게 한 번에 소식을 알릴 수 있다.
   ④ 멀리 떨어져 있는 사람들과 회의를 할 수 있다.
   ⑤ 마을 사람들에게서 필요한 정보를 찾을 수 있다.

STEP ❷

3. 의사소통 수단이 발달하면서 우리 반 친구들 역시 다른 고장, 다른 나라의 친구들과 '(   ) 수업' 활동을 할 수 있게 되었고 멀리 떨어져 있는 사람들과 (   ) 회의를 하고 자료를 주고받을 수 있다.

STEP ❸

4. 버스 도착 정보 안내 시스템의 좋은 점을 쓰시오.
   (   )

정·답·힌·트

STEP 1

1. 깊은 산속에서는 휴대 전화로 소식을 주고받기 어려워요.

2. 마을 방송은 마을 사람들에게 공동체에 관련된 소식을 전하지요.

STEP 2

3. '화상 수업' 또는 '화상 회의'를 통해 다른 지역의 친구들이나 사람들과 어떤 주제를 가지고 의논을 할 수 있어요.

STEP 3

4. 버스 도착 예정 시간이라는 말이 꼭 들어가야 하겠지요?

선생님이 뽑은 문제 정답 1. ② 2. ③ 3. 화상, 화상 4. 버스가 언제까지 유치장 않고 기다리지 않아도 되고 도착 예정 시간을 알 수 있어 편리하다. 버스 도착 예정 시간을 알 수 있으므로 대형를 기다리는 동안 다른 일을 할 수 있다. 시간대별로 이용하는 버스 정보와 바꿔서 안내 도착하지 않는 등

예절을 '네티켓'이라고 해

교·과·서·핵·심·용·어
인터넷

☐☐☐☐ 게임을 너무 많이 하면 건강이 나빠지기도 하고,
☐☐☐☐ 에 다른 사람을 욕하는 글을 올려 문제가 되기도 해요.

이동 수단과 의사소통 수단의 변화는 우리 생활에 많은 영향을 끼쳤어요.

이동 수단의 발달로 사람들은 먼 곳까지 편하고 빠르게 이동하고 다른 지역이나 세계 여러 곳을 여행할 수 있어요. 지역 간 교류가 늘어 필요한 것을 쉽게 구할 수도 있지요. 그리고 의사소통 수단의 발달로 언제 어디서나 정보를 얻고 소식을 들을 수 있게 되었고 멀리 떨어진 사람과도 소식이나 정보를 빠르게 주고받을 수 있게 되었지요.

하지만 이로 인해 생기는 문제점들도 있어요. 자동차 수가 너무 많아서 도로가 막혀 이동 시간이 오래 걸리고, 주차할 공간이 부족해졌어요. 또, 연료로 쓰이는 석유나 가스 등이 줄어들어 대체 에너지를 찾아야 해요. 배에서 흘러나온 기름이 바다를 오염시켜 생태계를 파괴하기도 하고요.

그리고 휴대 전화나 인터넷을 많이 사용하니까 통신 요금이 늘어나고, 공공장소에서의 휴대 전화 사용으로 다른 사람들에게 피해를 주기도 해요. 인터넷 게임을 많이 해서 건강이 나빠지기도 하고 인터넷에 다른 사람들을 욕하거나 잘못된 글을 올리거나 인터넷 예절을 지키지 않아 문제가 되지요. 주민 등록 번호, 이름, 주소 같은 개인 정보가 다른 사람에게 알려지게 되어 범죄에 이용되기도 해요.

이처럼 의사소통 수단은 우리 생활에 꼭 필요하지만 잘못 사용하면 자신이나 다른 사람에게 피해를 줄 수 있기 때문에 주의해야 해요. 그래서 사람들은 개인 정보 보안 장치, 게임 이용 시간 제한 장치, 저렴한 비용으로 의사소통 수단을 사용할 수 있는 기술 등을 개발하고 있어요.

tip

네티켓: 컴퓨터 통신이나 인터넷 공간에서 네트워크를 사용하는 사용자들이 지켜야 할 예의범절로, 인터넷 예절, 인터넷 예의, 통신망 예절이라고 불러요. 통신망을 뜻하는 '네트워크'와 예의범절을 뜻하는 '에티켓'의 합성어예요.

선생님이 뽑은 문제

STEP ①

1. 오늘날 이동 수단이 발달함에 따라 달라진 생활 모습으로 알맞은 것을 모두 고르시오. (   )

   ① 무거운 짐을 옮기는 것이 불편해졌다.
   ② 시장에 직접 가야만 물건을 살 수 있다.
   ③ 목적지까지 이동하는 데 시간이 많이 걸린다.
   ④ 세계 여러 나라의 가고 싶은 곳을 여행할 수 있다.
   ⑤ 지역 간의 교류가 늘어나 필요한 것을 쉽게 구할 수 있다.

2. 인터넷을 사용하면서 발생하는 문제점이 아닌 것은? (   )

   ① 개인 정보가 유출되기도 한다.　② 인터넷 쇼핑을 통해 필요한 것을 산다.
   ③ 인터넷에 다른 사람을 욕하는 글을 올린다.
   ④ 인터넷 게임을 너무 많이 해서 중독될 수 있다.
   ⑤ 휴대 전화를 많이 사용하여 통신 요금이 늘어난다.

STEP ②

3. 자동차 수 증가로 인해 생기는 아래 사진과 같은 문제점을 쓰시오.

   (   )

STEP ③

4. 의사소통 수단을 잘못 사용하게 될 때의 문제점을 쓰시오.

   (   )

정·답·힌·트

STEP 1

1. 오늘날 이동 수단의 발달로 먼 곳까지 빠르고 편하게 이동할 수 있게 되면서 지역 간의 교류가 늘어났어요.

2. 인터넷 사용의 문제점은 의사소통 수단의 문제점의 일부분이에요. 두 가지를 헷갈리지 않도록 하세요.

STEP 2

3. 오늘날에는 자동차 수의 증가로 인해 교통 체증, 주차 공간 부족, 배기가스로 인한 환경 오염, 석유 부족 등의 문제가 발생했지요.

☐는 다리가 불편한 사람들이 쓰는 바퀴 의자야

교·과·서·핵·심·용·어

휠체어

 생각하는대로 움직이는 ☐☐☐는 직접 운전하지 않고도 생각하는대로 움직이기 때문에 몸이 불편한 사람들이 자기가 원하는 곳으로 쉽게 이동할 수 있어요.

tip

첨단 정보 통신 : 정보, 통신 분야의 높은 과학 기술을 말해요. 전자책, 화상 통화, 무선 인터넷 외에도 3차원 입체 영상인 홀로그램, 고글, 헤드세트, 장갑, 컴퓨터가 만들어 낸 환경에 빠져드는 가상 체험 등이 있지요.

 이동 수단과 의사소통 수단의 발달은 우리의 생활을 더욱 편리하게 해 주어요. 그렇다면 미래에는 어떤 이동 수단과 의사소통 수단이 만들어질까요?

　직접 운전하지 않고도 생각하는대로 움직이는 휠체어가 개발되어 몸이 불편한 사람들이 자기가 원하는 곳으로 쉽게 움직일 수 있게 될 거예요. 전기의 힘으로 움직이고 접히는 전기 자동차는 석유를 사용하지 않기 때문에 환경을 보호할 수 있고, 접을 수 있기 때문에 주차 문제도 해결할 수 있지요.

　작은 컴퓨터 역할을 하는 안경이 개발되면 사람들이 활동하면서 필요한 정보를 바로 얻을 수 있어요. 이 안경과 함께 사용할 수 있는 투명한 모니터는 들고 다니기 편리하고 모니터 모양을 자유롭게 바꿀 수 있지요. 여러 사람이 함께 보면서 이야기를 나눌 수도 있고요.

　이렇게 미래의 의사소통 수단이 발달하면 눈동자나 지문, 얼굴을 인식해 개인 정보를 보호하는 장치가 마련될 수 있어요. 그리고 스마트폰으로 지하철역의 광고판에 부착되어 있는 물건 사진의 정보 무늬(QR 코드)를 인식해서 물건을 살 수 있어요. QR 코드란 흑백 격자무늬 패턴으로 정보를 나타내는 바코드를 말해요. 바코드는 특정 상품의 이름, 제조사, 가격 등 간단한 정보만 담을 수 있지만 QR코드는 수많은 문자와 숫자 등 많은 정보를 담을 수 있어요. 최근 보급되는 스마트폰은 대부분 QR 코드 인식이 가능해요.

• 바코드와 QR코드

선생님이 뽑은 문제

STEP ❶

1. 미래에 이용될 수 있는 이동 수단이나 의사소통 수단이 아닌 것은? ( )

   ① 컴퓨터가 되는 안경
   ② 접히는 전기 자동차
   ③ 높은 산을 오르는 케이블카
   ④ 생각대로 움직일 수 있는 휠체어
   ⑤ 함께 사용할 수 있는 투명한 모니터

2. 미래의 이동 수단과 의사소통 모습을 상상하여 표현하려고 할 때 가장 먼저 해야 할 일은? ( )

   ① 다양한 방법으로 표현한 뒤 발표하기
   ② 문제점을 해결한 미래의 모습 상상하기
   ③ 이동 수단과 의사소통 수단의 문제점 찾기
   ④ 찾아낸 해결 방법에 대한 문제점도 생각하기
   ⑤ 이동 수단과 의사소통 수단 문제점의 해결 방법 찾기

STEP ❷

3. 함께 사용할 수 있는 투명한 ( )는 들고 다니기 편리하고 컴퓨터 ( )의 모양을 자유롭게 바꿀 수 있고 여러 사람이 함께 보면서 이야기를 나눌 수도 있다. ( )에 공통으로 들어갈 말은?

STEP ❸

4. 다음 사진 속 안경형 컴퓨터와 같은 미래 의사소통 수단의 좋은 점을 쓰시오.
   ( )

정·답·힌·트

STEP 1

1. 케이블카는 오늘날에도 볼 수 있는 이동 수단이지요.

2. 먼저 이동 수단과 의사소통 수단의 문제점을 찾고, 찾아낸 해결 방법을 생각하고, 해결 방법의 문제점도 생각한 후에 문제점을 해결한 미래의 모습을 상상한 뒤 다양한 방법으로 발표해요.

STEP 2

3. 투명한 모니터는 화면이 앞뒤로 투명하지요.

STEP 3

4. 미래 이동 수단과 의사소통 수단의 좋은 점을 알아 두세요.

선생님이 뽑은 문제 정답 1. ③ 2. ③ 3. 모니터 4. 안경이 컴퓨터 역할을 대신하여 사람들이 활동하면서 자연스럽게 정보를 얻을 수 있고 등

2장 이동과 의사소통

고장의 중심지에 대해 알아보기

중심지의 뜻과 공통점 | 견학하기 | 여러 사람이 모이기 편리한 곳의 모습 | 노선도로 고장의 중심지 찾기 | 고장 중심지의 옛날과 오늘날 모습 | 새로 생기는 중심지와 옛날 중심지 비교하기 | 중심지가 새로 생기는 이유

3장

사람들이 모이는 곳

각 고장에는 사람들이 어떤 일이나 활동을 하기 위해
유난히 많이 모이는 곳이 있어요. 그곳을 '중심지'라고 해요.
그렇다면 고장에서 사람들이 많이 모이는 곳은 어떤 특징이 있을까요?
고장 사람들이 많이 모이는 곳은 어디이고 어떻게 찾을 수 있을까요?
고장 사람들이 많이 모이는 곳의 모습은
옛날과 오늘날 어떻게 변화되어 왔을까요?
오늘날 고장에서 사람들이 많이 모이는 곳이
새로 생겨나는 까닭은 무엇일까요?

우리 고장 ☐ 에는 버스 터미널이 있어

교·과·서·핵·심·용·어
중심지

고장에는 사람들이 어떤 일이나 활동을 하기 위하여 많이 모이는 곳이 있는데, 이러한 곳을 그 고장의 ☐ 라고 해요.

tip

수산 시장과 청과물 시장: 수산 시장은 해산물을 파는 시장이고 청과물 시장은 과일을 파는 시장이에요. 두 곳 모두 고장의 중심지인 시장이라는 것은 같지만 모습과 사람들이 모이는 이유는 다르지요.

• 청과물 시장   • 수산 시장

각 고장에는 사람들이 많이 모이는 곳들이 있어요. 이처럼 **고장의 사람들이 어떤 일이나 활동을 하기 위해 많이 모이는 곳을 '중심지'**라고 해요. 고장에 따라 중심지가 한 곳이어서 그곳에서 여러 가지 기능을 담당하기도 하고, 중심지가 여러 곳인 고장도 있지요.

고장의 중심지에는 군청이나 구청, 지하철역, 버스 터미널, 시장, 대형 마트, 은행, 병원, 우체국, 영화관 등 여러 가지 시설이 있어요. 많은 사람이 다양한 볼일을 위해 이곳들을 이용하지요.

이처럼 고장 사람들이 많이 모이는 곳에서는 논과 밭이 보이지 않는 대신 크고 높은 건물이 많이 모여 있고 사람들이 많이 모여 있어 복잡해요. 하지만 고장 사람들이 많이 모이지 않는 곳은 논과 밭이 많고 높이가 낮은 집들만 몇 채 보이며 사람이 많지 않아 한가로워 보이지요.

각 고장의 중심지에는 공통적으로 많은 건물이 있고, 많은 사람이 생활에 필요한 것을 구하거나 이용하기 위해 모인다는 특징이 있어요. 하지만 각 지역마다 중심지를 대표하는 것이 다양하고, 지역에 있는 중심지의 모습과 지역 사람들이 중심지에 모이는 이유가 달라요. 공원이 중심지가 된 고장에는 사람들이 여가를 보내기 위해서 중심지에 모이고 버스 터미널이 중심지가 된 고장에는 사람들이 다른 고장으로 이동하기 위해 모이지요.

• 중심지에는 많은 사람이 모여요.

선생님이 뽑은 문제

STEP ❶

1. 다음 중 다른 고장에 가기 위해 사람들이 모이는 곳은? (   )
   ① 군청   ② 시장   ③ 은행   ④ 영화관   ⑤ 버스 터미널

2. 사람들이 많이 모이는 곳에 병원이 있는 까닭은 무엇인가? (   )
   ① 운동을 하기 위해서
   ② 다른 고장에 가기 위해서
   ③ 편지나 물건을 보내기 위해서
   ④ 필요한 서류를 발급받기 위해서
   ⑤ 병을 치료하거나 예방하기 위해서

STEP ❷

3. 다음 중 사람들이 많이 모이는 곳은 어디인지 쓰시오. (   )
   ① 높은 산의 등산로
   ② 여러 가지 시설이 모여 있는 곳
   ③ 사람들이 걸어 다니기 불편한 곳

4. 다음 중 중심지에 대한 설명으로 옳은 것에 ○표 하시오.
   ① 사람들이 어떤 일이나 활동을 하기 위해 많이 모이는 곳이다. (   )
   ② 각 고장의 중심지는 한 곳일 수도 있고, 여러 곳일 수도 있다. (   )

STEP ❸

5. 군청에 사람들이 모이는 이유를 쓰시오.
   (   )

6. 여러 고장 중심지의 비슷한 점을 쓰시오.
   (   )

정·답·힌·트

STEP 1

1. 버스를 타고 다른 고장으로 이동하기 위해서 사람들이 모이지요.

STEP 2

3. 사람들이 많이 모이는 곳은 복잡합니다.

4. 사람들은 경제, 교통, 행정, 여가 등 다양한 필요에 의해 중심지에 모여요.

STEP 3

6. 고장 중심지의 차이점도 알아 두세요. 각 지역마다 중심지를 대표하는 것이 다양하고, 각 지역에 있는 중심지의 모습과 지역 사람들이 중심지에 모이는 이유가 다르다는 것이 차이점이에요.

☐☐은 보고 배운다는 뜻이야

교·과·서·핵·심·용·어

견학

☐☐은 알고 싶은 것을 실제로 찾아가서 보고 배우는 것이에요. 그래서 ☐☐을 하면 중심지에 대해 많은 것을 알 수 있지요.

견학은 한자대로 풀이하면 보고 배우는 것이에요. 즉, **실제로 찾아가서 배우는 것을 의미**하지요. 견학을 할 때에는 견학 계획 세우기, 견학하기, 보고서 쓰기, 발표하기 등의 단계를 거쳐야 해요. 견학할 때에는 이 모든 단계가 중요하지만 견학 계획을 잘 세워야 견학이 잘 이루어지지요.

그런데 견학 계획을 세우는 방법에는 순서가 있어요. 처음에는 견학하는 목적을 알아야 하고, 견학할 날짜와 시간을 정한 뒤, 조사할 내용을 정해야 하지요. 중심지에 있는 대표적인 건물을 알아보거나, 사람들이 중심지에 모이는 이유를 알아보거나, 사람들이 중심지에서 무엇을 하는지 살펴보는 것 등이 조사할 내용이 되지요. 그리고 조사 방법 및 준비물을 정하고 모든 친구들이 참여할 수 있도록 역할을 나눈 다음에 주의할 점을 알아야 해요.

견학을 할 때 활용하는 조사 방법 중 하나가 면담이에요. 면담할 때에는 질문할 내용을 미리 정해야 하고 사람들을 만나면 면담의 이유를 알리고 예의 바르게 행동해야 하지요. 이렇게 면담을 할 때는 질문지 및 말한 내용을 기록할 수 있는 필기도구, 녹음기, 사진기 등이 필요하답니다.

견학이 끝났다면 모두가 참여하여 견학 보고서를 써야 해요. 먼저 견학 계획서, 면담 자료, 사진 자료 등을 준비하고 보고서의 제목을 정해요. 그리고 자료를 정리하여 오려 붙이거나 글로 쓴 뒤 견학하면서 알게 된 점, 느낀 점 등을 쓰고 색칠하여 꾸미면 돼요. 그리고 견학 보고서를 발표할 때에도 모두가 함께 참여할 수 있도록 해야 하지요.

tip

견학을 할 때에는 안전에 유의해야 해요. 절대로 개인 행동을 하지 말아야 하며, 보호자와 함께 견학을 하는 것이 좋아요. 차가 다니는 곳에서는 주위를 잘 살피며 다녀야 해요.

면담 : 조사 내용을 알기 위해 알고 싶은 것을 사람들에게 직접 물어보는 것이에요.

선생님이 뽑은 문제

STEP ①

1. 면담을 할 때 필요한 준비물로 알맞지 않은 것은? (　　)
   ① 간식　② 사진기　③ 녹음기　④ 질문지　⑤ 필기도구

STEP ②

2. 고장의 중심지를 견학할 때 할 일을 순서대로 나타내시오.

   ㉠ 발표하기　㉡ 견학하기　㉢ 보고서 쓰기　㉣ 견학 계획 세우기

   (　　→　　→　　→　　)

3. 고장의 중심지를 견학하기 위해 견학 계획을 세울 때 할 일을 순서대로 나타내시오.

   ㉠ 역할을 나눈다.　　　　　㉡ 주의할 점을 알아본다
   ㉢ 조사할 내용을 정한다.　　㉣ 견학할 날짜와 시간을 정한다.
   ㉤ 조사 방법 및 준비물을 정한다.　㉥ 견학하는 목적이 무엇인지 알아본다.

   (　　→　　→　　→　　→　　→　　)

STEP ③

4. 즐겁고 안전한 견학이 되기 위해 주의해야 할 점을 써 보시오.
   (　　　　　　　　　　　　　　　　　　　　　)

5. 직접 가지 않고 중심지의 모습을 실제처럼 보는 방법을 쓰시오.
   (　　　　　　　　　　　　　　　　　　　　　)

정·답·힌·트

STEP 1

1. 면담을 할 때는 이유를 알리고 예의 바르게 행동해야 해요.

STEP 2

2. 견학의 전체 과정은 '견학 계획 세우기, 견학하기, 보고서 쓰기, 발표하기'예요. 면담은 견학의 일부분임을 주의하세요.

3. 견학 계획을 세울 때에는 가장 먼저 이번 견학의 목적이 무엇인지 알아야 해요.

STEP 3

5. 인터넷 지도 서비스를 이용할 때에는 검색창에 고장 중심지의 이름을 쓰고 검색 버튼을 누르면 중심지 모습이 지도로 나타나요. 그리고 지도 메뉴에서 거리뷰 또는 로드뷰를 찾아 누르면 지도 위의 길들이 파란색으로 변하지요. 파란색으로 변한 길을 마우스로 누르면 중심지의 실제 모습을 볼 수 있어요. 마우스로 방향을 움직이거나 이동하면 지역의 모습을 생생하게 볼 수 있어요.

◯◯◯이 편리한 곳에 약속 장소를 정해야 해

교·과·서·핵·심·용·어

교통

 ◯◯◯이 편리하면 사람들이 모이기 편해요. 그래서 고장의 중심지는 대체로 ◯◯◯이 편리한 곳에 있지요.

 친구들과 만나기로 약속했을 때, 보통 약속 장소를 어디로 정하나요? 대부분 놀이터처럼 집에서 가까워 걸어갈 수도 있고 놀거리가 있는 곳, 학교 주변 분식점 주변 등 먹을 것을 쉽게 살 수 있는 곳, 학원 근처, 버스가 서는 정류장 근처로 약속 장소를 잡을 거예요.

　사람들마다 서로 일하는 곳의 위치가 다르기 때문에 약속 장소를 정하기가 쉽지 않아요. 그래서 버스나 지하철 등의 교통수단을 이용하여 가기에 편한 곳이나 서점, 음식점, 영화관, 백화점, 쇼핑센터 등 여러 가지 편리한 시설이 모여 있는 곳으로 약속 장소를 정해요.

　혹시 다른 고장에 살고 있는 친척 결혼식에 가 본 적이 있나요? 아마 자동차, 고속버스, 또는 열차를 이용해서 갔을 거예요. 그런데 버스 터미널이나 기차역에 가면 사람들이 무척 많아 복잡하지요? 사람들이 모이기 편리한 곳 주변이 고장의 중심지가 되기 때문이에요.

　그리고 결혼식장은 대부분 버스 정류장, 버스 터미널, 지하철역, 기차역 등을 이용하기 편리한 곳, 큰 도로와 가까워서 자동차로 이동하기 편리한 곳에 위치하고 있었을 거예요. 교통이 편리한 곳이어야 멀리서 오는 사람들이 편하게 모일 수 있기 때문이지요.

　이처럼 고장의 중심지는 대체로 교통이 편리한 곳에 위치하고 있답니다.

tip
교통이 편리한 서울의 명동은 서울의 중심지예요

STEP ❶

1. 친구들과 약속 장소로 정하기에 알맞지 않은 곳은? (   )

    ① 논과 밭 주변   ② 지하철역 주변   ③ 버스 정류장 주변
    ④ 놀거리가 있는 놀이터 주변   ⑤ 먹을 것을 쉽게 살 수 있는 곳

2. 다음 중 교통이 편리한 곳은 어디일까? (   )

    ① 경치가 좋은 곳   ② 공원이 있는 곳   ③ 아파트가 많은 곳
    ④ 기차역이 있는 곳   ⑤ 대형마트가 있는 곳

STEP ❷

3. 고속버스나 시외버스를 타고 다른 고장에 가려고 할 때 어떤 곳으로 가야 하는지 쓰시오.
   (   )

4. 출발지에서 도착지까지 바로 갈 수 있고, 큰길이 있으면 보다 편리하게 이용할 수 있는 교통수단은 무엇인지 쓰시오.
   (   )

STEP ❸

5. 결혼식장을 정하려고 할 때 멀리서 오는 손님들이 좀 더 편리하게 올 수 있게 하기 위해서는 어떤 곳으로 정해야 할지 쓰시오.
   (   )

선생님이 뽑은 문제

정·답·힌·트

STEP 1

1. 논과 밭 주변은 교통이 불편해요. 친구들과 만날 약속 장소를 정할 때는 편리하게 갈 수 있는 곳으로 정해야 하지요.

2. 사람이 많이 모이는 곳과 교통이 편리한 곳을 구분할 수 있어야 해요. 이동 수단인 기차역이 있는 곳은 기차를 이용하여 편리하게 이동할 수 있지요.

STEP 2

3. 버스 터미널에서는 다른 고장으로 가는 고속버스나 시외버스를 탈 수 있어요.

4. 기차와 버스, 자동차는 사람들이 주로 이용하는 교통수단이에요. 하지만 기차는 기차역을 이용해야 하고 버스도 버스터미널을 이용해야 하지요.

STEP 3

5. 교통이 편리해 사람들이 이동하기 편리한 곳을 써야 하겠지요?

어디를 갈 때 ☐를 보면 몇 정거장 남았는지 알 수 있어

교·과·서·핵·심·용·어

노선도

 버스나 지하철이 지나는 길과 정류장을 나타낸 그림을 ☐ 라고 해요.

 버스나 지하철을 탈 때 버스나 지하철이 지나가는 길과 버스 정류장이나 지하철역을 나타낸 그림을 본 적 있나요? 이처럼 **버스나 지하철, 고속열차가 다니는 길과 정류장을 나타낸 그림을 '노선도'**라고 해요.

사람들은 버스나 지하철, 고속 열차 등의 노선도를 보고 내가 탈 교통수단이 어디에서 오고 어디까지 가는지, 또 목적지에 어떻게 가면 쉽게 갈 수 있는지를 알 수 있어요. 역의 이름과 어느 역에서 어느 역으로 연결되어 있는지도 알 수 있지요. 그리고 내가 가야 할 역까지 몇 정거장이 남았는지도 알 수 있고 어디에서 갈아타야 하는지도 알 수 있어요. 이런 버스나 지하철 노선들은 서로 겹치거나 만나기도 하지요.

뿐만 아니라 우리는 어떤 고장에 직접 가 보지 않고도 지도에 그려진 버스나 지하철 노선도를 보면 고장의 중심지를 짐작해 볼 수 있어요. 여러 노선의 버스나 지하철이 지나가는 곳이 고장의 중심지인 경우가 많기 때문이지요.

우리 고장의 버스나 지하철 노선도를 그리고 싶나요? 그렇다면 먼저 고장의 백지도를 준비하세요. 그리고 백지도 위에 버스 정류장이나 지하철역을 표시하고 이름을 써 넣은 후 서로 연결하여 노선도를 완성하면 되지요. 물론 버스나 지하철 노선이 겹치는 곳을 표시하면 그곳이 교통의 중심지이자 고장의 중심지가 되겠지요?

tip

지하철 노선도, 버스 노선도, 고속 열차 노선도 : 고속 열차 노선도는 지도 위에 역을 나타내어 역의 실제 위치를 알 수 있고 역과 역사이의 거리도 정확해요. 버스 노선도는 대부분 하나의 노선을 알기 쉽고 간략하게 나타내지요. 지하철 노선도는 여러 개의 지하철 노선을 함께 나타내어 복잡하기도 하지만 갈아탈 수 있는 역을 쉽게 알 수 있어 편리하지요.

STEP ❶

1. 다음 지하철 노선도를 보고 알 수 있는 내용을 모두 고르시오. (   )

① 역의 실제 위치를 알 수 있다.
② 역 사이의 정확한 거리를 알 수 있다.
③ 어디에서 갈아타야 하는지 알 수 있다.
④ 지하철이 도착하는 시간을 알 수 있다.
⑤ 가야 할 역까지 몇 정거장이 남았는지 알 수 있다.

정·답·힌·트

STEP 1

1. 지하철 노선도는 실제 지도와 달라요. 하지만 고속 열차 노선도처럼 지도 위에 그려져 있을 때에는 역의 실제 위치를 알 수 있으며, 역과 역 사이의 거리도 정확하지요.

STEP ❷

2. 우리 고장의 버스나 지하철 노선도를 살펴보거나 노선도를 지도에 그려 보면 우리 고장의 (   )를 알 수 있다.

3. 우리 고장의 버스 노선도를 그려 고장의 중심지를 찾는 순서를 기호로 쓰시오.

㉠ 백지도에 버스 정류장을 표시한다.
㉡ 우리 고장의 백지도를 준비한다.
㉢ 교통의 중심지라고 생각되는 곳을 표시한다.
㉣ 버스 정류장을 서로 연결하여 노선도를 완성한다.

(→   →   →   )

STEP 2

2. 버스나 지하철 노선이 겹치는 곳을 표시하면 그곳이 교통의 중심지이자 고장의 중심지가 되지요.

3. 백지도를 준비해 정류장을 표시한 후 연결하면 노선도가 완성됩니다.

STEP ❸

4. 다음 지하철 노선도에서 교통의 중심지라고 생각되는 곳을 찾아 역 이름을 쓰고, 그렇게 생각한 이유를 쓰시오.

(1) 역 이름: (   )
(2) 이유: (   )

STEP 3

4. 노선이 겹치는 곳이 교통이 편리한 곳이에요.

☐은 인공위성에 찍은 사진이야

교·과·서·핵·심·용·어

위성 사진

우리 고장 중심지의 변화 모습은 ☐☐☐☐☐으로 자세히 기록해 놓은 인터넷 누리집에서 볼 수 있어요.

tip
위성 사진은 지구 등의 행성을 인공위성이 찍은 사진을 말하고 항공에서 찍은 사진을 항공 사진이라고 해요. 넓은 지역을 한꺼번에 나타내는 것은 위성 사진에 비해 항공 사진이 더 자세하게 고장의 모습을 살펴볼 수 있지요.

• 1974년(위)과 2016년(아래)에 서울특별시 잠실 지역을 찍은 항공 사진

우리가 살고 있는 고장의 중심지는 옛날에는 어떤 모습이었을까요?

예전에 나루터가 있는 작은 섬이었던 곳이 지금은 사람들이 많이 사는 곳으로 변한 곳도 있고, 대부분 밭이었던 곳이 개발되면서 옛날 모습과는 많이 달라진 곳도 있지요.

이러한 변화는 고장 중심지의 옛날 모습을 찍은 사진을 찾아보거나 고장에서 오랫동안 사신 어른들께 여쭈어 보면 알 수 있어요. 고장의 문화원, 위성 사진이나 항공 사진으로 자세히 기록해 놓은 인터넷 누리집을 통해서도요.

특히 1970년대, 1980년대, 2010년대 위성 사진이나 항공 사진을 비교해 보면 중심지의 모습이 서서히 바뀐 것을 알 수 있어요. 옛날 사진에는 밭과 좁고 구불구불한 길, 나루터 등을 볼 수 있지만, 오늘날 모습에서는 아파트와 빌딩, 강을 건널 수 있는 다리, 체육관 등을 볼 수 있지요.

그리고 고장 이름을 살펴보면 고장의 옛날 모습과 역할을 알 수 있어요. 예로부터 고장의 이름은 그 고장의 특징적인 모습을 따서 짓는 경우가 많았기 때문이지요. 부산광역시 중구 남포동은 배가 드나들던 포구가 있었고, 전라북도 군산시에 있는 장미동은 쌀을 실어 나르던 항구여서 쌀을 저장하는 창고가 있었고, 제주특별자치도 서귀포시에 있는 하논은 논이 많았는데 제주 방언으로 '많다'라는 뜻의 '하'를 넣어 하논이라고 이름 지었지요.

하지만 고장의 중심지 역할은 옛날과 같기도 하고, 시간이 지나면서 달라지기도 해요. 그리고 옛날 중심지의 모습이 많이 변한 것처럼 미래에도 우리 고장의 중심지 모습은 많이 변할 거예요.

선생님이 뽑은 문제

STEP ❶

1. 옛날 고장의 중심지에서 볼 수 없는 것은 무엇인가? (   )
   ① 밭   ② 갯벌   ③ 빌딩   ④ 과수원   ⑤ 나루터

2. 전라북도 군산시에 있는, 쌀 저장 창고가 있던 고장의 이름은 무엇인가? (   )
   ① 하논   ② 장미동   ③ 공항동   ④ 남포동   ⑤ 김포동

STEP ❷

3. 옛날 우리 고장의 중심지는 강 건너편으로 사람들을 실어 나르던 나룻배와 나루터가 있었어요. 그 사실로 우리 고장 중심지는 옛날에 (   )의 중심지 역할을 했음을 알 수 있지요.

STEP ❸

4. 아래 항공 사진에서 알 수 있는 고장의 변화 모습을 쓰시오.

• 1974년

• 2016년

(   )

정·답·힌·트

STEP 1

1. 오늘날 중심지의 모습에서 아파트와 빌딩, 다리 등을 볼 수 있어요.

2. 예로부터 고장의 이름은 그 고장의 특징적인 모습을 따서 짓는 경우가 많았어요. 그래서 고장의 이름을 살펴보면 고장의 옛날 모습과 역할을 알 수 있지요.

STEP 2

3. 나루터는 우리 고장과 다른 고장을 연결해 주지요.

STEP 3

4. 오늘날 고장 중심지의 위성 사진이나 항공 사진에서는 넓은 도로와 다리, 아파트, 체육관 등을 볼 수 있어요.

선생님이 뽑은 문제 정답: 1. ③ 2. ② 3. 교통 4. 들에 아파트가 들어섰다, 도로가 생겼다, 다리가 생겼다, 종합운동장을 비롯한 체육관이 여러 개 생겼다 등.

▢은 물건을 사고파는 곳이야

교·과·서·핵·심·용·어

시장

 옛날부터 고장의 중심지였던 ▢은 가게들이 들쑥날쑥 자리 잡고 주차장과 지붕 시설이 없어 불편했지만 지금은 주차장을 만들고 비를 피할 수 있는 지붕이 생겨 편리해졌어요.

고장에 따라서 중심지의 수는 달라요. 중심지가 한 곳인 고장도 있고 여러 곳인 고장도 있어요. 그리고 옛날부터 있던 중심지도 있고 새로 생긴 중심지도 있지요.

옛날부터 있던 중심지에는 시장이나 시외버스 터미널이 있어 사람들이 많이 모였어요. 좁은 도로와 낮은 집들이 모여 있는 주택가도 있지요. 그러나 새로 생긴 중심지에는 대형 마트가 생겨 사람들이 모이고 기차역이나 지하철역이 만들어졌어요. 그리고 넓은 도로와 높은 건물, 높은 아파트가 모여 있는 주택가가 생겨났지요.

옛날의 중심지와 오늘날의 중심지 모두 사람이 많이 살고 차가 많이 다니며 사람들이 이용하는 건물들이 많이 모여 있다는 점에서 비슷해요. 다만 새로 생긴 중심지는 넓은 도로와 높은 건물이 있다는 것이 다르지요. 그래서 옛날부터 있던 중심지는 새로 생긴 중심지보다 조금 불편해요. 그러나 아직도 중요한 곳이며 새롭게 발전하기 위해 노력하고 있답니다. 예를 들어, 예전의 시장은 가게들이 들쑥날쑥 자리 잡고 주차장과 지붕 시설이 없어 불편했지만 지금은 주차장을 만들고 비를 피할 수 있는 지붕이 생겨 편리해졌어요.

석탄보다 석유를 많이 쓰게 되면서 석탄 산업이 발달했던 고장이 쇠퇴하자 사람들이 떠나게 되었지만, 오늘날에는 그곳에 석탄 박물관을 만들어 사람들이 찾아오게 만들었고 고장이 다시 활기를 띠고 있기도 해요.

tip

부산광역시에 있는 감천 마을은 낡은 집들을 예쁘게 색칠하였어요. 덕분에 많은 관광객이 몰려 고장이 활기를 띠고 있어요.

STEP ❶

1. 다음 중 새로 생긴 중심지에서 볼 수 있는 모습은? (   )

   ① 과수원   ② 넓게 펼쳐진 논   ③ 나루터와 나룻배   ④ 높은 건물과 상가
   ⑤ 좁고 구불구불한 길

2. 새로 생긴 중심지와 옛날부터 있던 중심지의 비슷한 점을 모두 고르시오. (   )

   ① 사람들이 많이 모인다.   ② 낮은 건물들이 많이 있다.
   ③ 좁은 도로가 많이 있다.   ④ 차가 많이 다닌다.
   ⑤ 높은 건물과 높은 아파트가 많다.

STEP ❷

3. 새로 생긴 중심지의 모습으로 알맞은 것을 모두 고르시오. (   )

   ㉠ 좁은 도로가 많다.   ㉡ 넓은 도로가 생겼다.
   ㉢ 크고 높은 건물이 많다.   ㉣ 시외버스 터미널이 있다.
   ㉤ 새로 생긴 기차역이 있다.

4. ○○고장은 석탄이 많아 옛날부터 탄광 주변이 중심지였다. 그런데 석탄보다 석유를 많이 쓰게 되면서, 석탄을 캐는 일이 점점 줄어들어 탄광 산업이 쇠퇴하게 되었고 사람들이 다른 곳으로 떠났다. 하지만 오늘날 (   )을 만들고 난 뒤에는 사람들이 많이 찾아오게 되었다.

STEP ❸

5. 새로 생긴 중심지와 옛날부터 있던 중심지의 모습을 비교하여 쓰시오.
   (   )

6. 오늘날 시장에 주차장과 지붕을 만드는 등 시장을 변화시키는 이유가 무엇인지 쓰시오.
   (   )

STEP2

3. ㉠과 ㉣은 옛날부터 있던 중심지의 모습에 해당합니다.

STEP3

6. 긍정적으로 변화된 모습을 써야 하지요.

시장

• 시장의 유래

옛날 사람들은 생활에 필요한 것을 자신이 직접 기르고 만들어 썼어요. 그러다가 쓰고 남는 물건을 다른 사람이 가지고 있는 물건과 교환하는 물물교환을 시작했지요. 그리고 화폐가 생겨나면서 물건을 사고 팔 장소가 필요하게 되었고, 시장이 만들어졌어요. 즉, 시장이란 물건을 팔 사람과 물건을 살 사람이 거래를 하는 장소예요.

• 시장에서는 물건을 팔 사람과 살 사람이 거래를 해요.

• 시장의 역할

- 시장은 물건을 사고파는 곳이에요.
- 시장은 물건을 사고파는 과정에서 가격을 결정해요. 같은 수요량에 공급이 증가하게 되면 물건의 수가 많아지기 때문에 시장 가격은 내리고, 반대로 공급이 줄어들면 물건이 줄고 시장 가격은 올라가지요. 예를 들어, 가방을 사려는 사람은 50명인데 가방은 80개가 있다면 시장 가격은 내려가요. 그러나 가방을 사려는 사람은 50명인데 가방은 30개가 있다면 시장 가격은 올라가는 거예요.
- 시장은 물건을 만들어 파는 양을 조절해요. 가격이 내려가면 생산자들이 물건을 적게 만들고 가격이 올라가면 생산자는 물건을 더 많이 만들지요.

• 시장의 종류

시장은 판매 대상에 따라 도매 시장과 소매 시장으로 구분할 수 있어요. 도매 시장은 생산자와 판매자가 만나는 시장으로 많은 물건을 한꺼번에 사기 때문에 가격이 좀 더 싸요. 소매 시장은 판매자와 소비자가 만나는 시장으로 필요한 만큼만 물건을 구입할 수 있지요.

시장이 열리는 시기에 따라서는 정기 시장과 상설 시장으로 나뉘어요. 정기 시장은 수요가 많지 않은 곳에서 열리는 시장으로, 3일이나 5일마다 열려요. 상설 시장은 매일 열려 있는 시장이지요. 어떤 물건을 파느냐에 따라 농산물 시장, 수산물 시장, 가구 시장, 꽃 시장, 한약재 시장, 우시장, 전자 상가, 중고차 시장 등으로 구분할 수도 있어요.

물건을 사는 방법에 따라 오프라인 시장과 온라인 시장으로 구분할 수도 있어요. 오프라인이란 우리가 직접 가게에 가서 물건을 사는 방법을 말하고, 온라인이란 인터넷으로 물건을 사면 집으로 배송되는 방법을 말해요.

• 꽃 시장에서는 꽃을 팔고 수산 시장에서는 다양한 수산물을 팔아요.

오늘날 새롭게 생겨난 시장으로 텔레비전 홈 쇼핑, 신용·통신 판매, 인터넷 쇼핑, 대형 마트 등이 있어요. 텔레비전 홈 쇼핑은 케이블 텔레비전과 같은 유선 방송을 통하여 물건을 선전하고 시청자로부터 주문을 받아 배달해 주는 시장이에요. 신용·통신 판매는 신용 카드사, 우체국 등이 소비자에게 상품 소개 책자를 배달해 주고, 소비자가 물건을 선택하여 전화나 우편으로 주문하면 배달해 주는 시장이지요. 인터넷 쇼핑은 인터넷 홈페이지에 물건을 소개하고 주문을 받아 물건을 판매하는 것을 말해요. 대형 마트는 창고형 매장에서 소비자가 직접 물건을 운반하고 구입하기 때문에 물건 값이 싸지요.

• 대형 마트에서는 매우 다양한 물건을 팔아요.

▭의 발달로 휴대 전화와 인터넷을 이용하게 되었어

교·과·서·핵·심·용·어

통신

 인터넷 등의 ▭이 발달하면서 사람들은 중심지를 쉽게 찾아갈 수 있고 이로 인해 중심지가 더욱 발달하게 되었어요.

 옛날에는 중심지가 아니었던 곳이 시간이 지나며 새롭게 중심지가 되는 경우도 있어요. 그렇다면 중심지가 새로 생기는 까닭은 무엇일까요?

그건 바로 교통의 발달 때문이에요. 옛날에는 작은 동네였던 곳이 기차역이 생기고 큰길이 생기면서 교통이 편리해지자 사람들이 많이 모여들게 되었어요. 그리고 그 사람들이 이용할 수 있는 가게들도 생겨나고 집과 학교가 들어섰지요. 다른 곳에 사는 사람들도 편리한 교통을 이용해 새로운 중심지의 시설들을 이용하기 위하여 찾아오고요.

중심지가 새로 생기는 또 다른 이유는 통신의 발달 때문이기도 해요. 휴대 전화와 인터넷 등의 통신이 발달하면서 인터넷 검색을 통해 이웃 고장의 중심지에 대한 정보를 쉽게 찾을 수 있게 되었어요. 맛있는 음식을 파는 가게에 대한 정보를 쉽게 얻을 수 있게 되면서 그 가게를 찾아가기도 하고, 이웃 고장에 특산물 등의 물건을 사러 가기도 하지요.

자동차의 내비게이션을 이용하면 다른 고장의 중심지까지 쉽게 찾아갈 수도 있어 중심지가 더욱 발달하게 되었어요. 텔레비전 방송이나 인터넷 블로그 같은 곳에서 전국 여러 지역의 맛집 등을 소개하는 일이 많아진 것도 중심지가 발달하는 이유예요.

• 텔레비전에서 이웃 고장의 맛집 방송을 보면 직접 찾아가기도 해요.

선생님이 뽑은 문제

STEP ❶

1. 다음 중 중심지가 새로 생기는 까닭으로 알맞은 것은? (　　)

　① 땅값이 올랐기 때문이다.　　② 길이 없어졌기 때문이다.
　③ 인구가 줄었기 때문이다.　　④ 교통이 발달하였기 때문이다.
　⑤ 석탄 사용이 줄어들었기 때문이다.

2. 다음 중 통신이 발달하면 중심지가 새로 생기는 까닭으로 알맞은 것은? (　　)

　① 교통이 편리해지기 때문이다.　② 스마트폰 요금이 비싸졌기 때문이다.
　③ 중심지에 대한 정보를 찾기가 쉽기 때문이다.
　④ 사람들이 텔레비전을 잘 보지 않기 때문이다.
　⑤ 우리 고장의 중심지를 알리기 어렵기 때문이다.

STEP ❷

3. 지하철역 공사 때문에 시끄럽지만 공사장 근처의 시장 상인들은 무척 좋아한다. 그 까닭은 지하철이 생기면 여러 사람이 모이기 쉽고 사람이 많이 모이면 시장이 더 커지고 (　　　　)가 잘되기 때문이다.

4. 주소만 알면 길을 알려 주는 통신 수단이 무엇인지 쓰시오.
　　　　(　　　　　　　　)

STEP ❸

5. 옛날에는 작은 고장이었던 곳에 고속 철도 기차역이 생기면서 사람들이 많이 모이게 되었고, 큰길과 가게, 집과 학교가 많이 생겨 새로운 중심지가 되었다면 그 까닭은 무엇인지 쓰시오.
　　　　(　　　　　　　　　　　　　　　　)

정·답·힌·트

STEP 1

1. 교통이나 통신이 발달하면 중심지가 새로 생기지요.

2. 인터넷, 스마트폰, 내비게이션과 같이 통신이 발달하여 고장에 대한 정보를 찾기 쉬워졌기 때문에 새로운 중심지가 새로 생겨났어요.

STEP 2

3. 교통이 발달하여 여러 사람들이 모이게 되었을 때의 이로운 점을 알아야 해요.

4. 자동차의 내비게이션을 이용하면 다른 고장의 중심지까지 찾아갈 수 있어 중심지가 더욱 발달하게 되었지요.

STEP 3

5. 문제에 힌트가 있어요. 새로운 중심지가 생긴 까닭은 교통의 발달 또는 통신의 발달임을 알아보는 문제이지요.

선생님이 뽑은 문제 정답　1. ④ 2. ③ 3. 장사 4. 내비게이션 5. 고속 철도 기차역이 새로 생기면서 교통이 편리해졌기 때문이다.

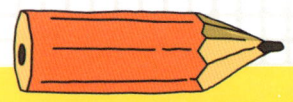

지역 간의 교류에 대해 알아보기

지명과 자연환경의 관계 | 지명과 옛날 사람들의 생활 모습 | 교류의 뜻 | 지역 간에 교류를 하는 까닭 | 지역의 위치를 찾는 방법 | 가까운 지역 사이의 다양한 교류 | 먼 지역 사이의 다양한 교류 | 지역의 자랑거리 찾기와 답사 | 지역 소개 자료 만들고 소개하기

4장

우리 지역, 다른 지역

우리 지역만 독립해서 살아갈 수는 없어요. 지역 간에 서로 '교류'를 해야 하지요.
그러기 위해서는 우리 지역과 다른 지역에 대해 많은 정보를 알아야 해요.
우리 지역과 다른 지역의 지명을 통해 그 지역의 자연환경이나
그 지역에 살았던 옛날 사람들의 생활 모습을 짐작할 수 있을까요?
가까운 지역, 먼 지역과의 교류는 어떻게 하고 있을까요?
우리 지역의 자랑거리를 다른 사람들에게 어떻게 소개할 수 있을까요?

▢은 땅 이름이야

교·과·서·핵·심·용·어

지명

지역에 붙은 이름을 ▢이라고 해요. 우리가 사는 지역 전체를 가리키는 말이에요.

우리에게 이름이 있듯이 우리가 살고 있는 지역에도 이름이 있어요. 이렇게 **지역에 붙은 이름을 '지명'**이라고 해요. 지명은 땅 뿐만 아니라 산, 강, 바다 등을 포함하여 우리가 사는 지역 전체를 가리키는 말이에요.

지명은 그 지역의 산, 강, 고개, 골짜기, 들, 기온, 바람 등 자연환경에 영향을 받아 만들어지는 경우가 많아요. '마이산'은 산의 모양이 쫑긋 솟은 말의 귀처럼 생겨서 '말 마(馬)', '귀 이(耳)'자를 써서 붙인 이름이고, '하회 마을'은 낙동강이 마을을 돌아서 흘러나간다고 하여 '물 하(河)', '돌 회(回)'를 써서 이름 붙였어요.

지형적 특징에 따라 재, 산, 악, 천, 골, 벌, 만, 곶이라는 말이 지명에 들어가기도 해요. '박달재'의 '재'는 높은 산의 고개를 뜻하고 '청계천'의 '천'은 작은 강이 흐르는 곳을 말해요. '뱀사골'의 '골'은 산의 골짜기, '황산벌'의 '벌'은 넓고 평평하게 생긴 땅을 뜻하지요. 그리고 '순천만'의 '만'은 바다가 육지 쪽으로 들어온 곳이고 '호미곶'의 '곶'은 육지가 바다 쪽으로 뻗어 나간 곳이에요.

비, 바람, 구름, 눈, 안개 등 기후적 요소와 관련된 지명도 있어요. 바위 틈에서 찬 바람이 나와 무더운 여름에도 기온이 낮은 곳에는 '얼음골'이라는 지명이 붙었어요. 또한 지명에는 윗마을, 아랫마을처럼 동서남북과 같은 방향이나 상하좌우와 같은 위치를 나타내는 말이 들어가 있기도 하지요.

tip

산은 평지보다 높이 솟아 있는 땅을 말하는데, 암벽이 많고 험난한 산에는 '설악산'이나 '월악산'처럼 '악'이라는 이름이 붙어요.

• 설악산의 울산 바위

선생님이 뽑은 문제

STEP ❶

1. 고개와 관련된 지명은 어느 것인가? (   )
   ① 양재천   ② 관악산   ③ 순천만   ④ 얼음골   ⑤ 박달재

2. 산의 모양이 말의 귀처럼 생겨 붙은 이름은 어느 것인가? (   )
   ① 북한산   ② 설악산   ③ 관악산   ④ 마이산   ⑤ 백두산

STEP ❷

3. 지명과 관련된 자연환경을 바르게 연결하시오.
   ① 골 •   • ㉠ 산
   ② 벌 •   • ㉡ 강
   ③ 악 •   • ㉢ 들
   ④ 천 •   • ㉣ 골짜기

4. 바다가 육지 쪽으로 들어온 곳을 무엇이라고 하는지 쓰시오.
   (   )

5. 다음 (   )안에 들어갈 지명을 보기에서 찾아 쓰시오.

   〈보기〉   ·삼봉도   ·가지도   ·석도

   옛날부터 독도는 여러 가지 이름으로 불려 왔어요. 독도의 가장 오래된 이름은 '우산도'이고 멀리서 보면 봉우리가 세 개로 보인다고 해서 (   ), 가지어가 많이 산다고 해서 (   ), 바위로 된 섬이라는 뜻에서 (   ) 등 여러 가지 이름으로 불려 왔어요.

STEP ❸

6. 다음 지역 이름을 통해 알 수 있는 것을 쓰시오.
   ·구파발   ·마포나루   ·묵동   ·잠실
   (   )

정·답·힌·트

STEP 1

1. '골'은 산의 골짜기를 나타내는 말이에요.

2. 한자로 '말'은 '마(馬)', '귀'는 '이(耳)'예요.

STEP 2

2. 지명이 붙는 데 영향을 미치는 자연환경에는 산, 강, 고개, 골짜기, 들, 기온, 바람 등이 있어요.

3. 육지가 바다 쪽으로 뻗어 나간 곳을 '곶'이라고 해요.

STEP 3

6. 지명은 자연환경, 사람들의 생활 모습, 전해 오는 이야기를 통해 만들어져요.

☐☐☐은 마을 입구나 길가에 세운 나무나 돌로 만든 상이야

교·과·서·핵·심·용·어

장승

서울특별시 동작구에는 ☐☐☐이 서 있는 곳이라는 데서 유래한 ☐☐배기라는 지명이 있어요.

tip

장승 : 마을 입구나 길가에 세운 사람 모양의 나무나 돌로 만든 상을 말해요. 보통 남녀 한 쌍을 세우는데 남자 모양의 상에는 '천하대장군', 여자 모양의 상에는 '지하여장군'이라고 써서 마을로 들어오는 입구마다 세우지요.

이러한 장승은 지역과 지역의 경계선을 나타내기도 하고 마을이 있음을 알려 주는 이정표 역할도 하지요. 그리고 마을로 들어오려는 잡귀와 질병을 막아 주는 수호신 역할도 해요.

지역에 붙은 다양한 이름 속에는 산, 강, 고개, 골짜기, 들, 기온, 바람 등 지역의 자연환경 외에도 옛날 사람들의 생활 모습도 담겨 있어요.

서울특별시의 '마포나루'는 옛날에 배가 오가던 나루터였던 곳이고, '구파발'은 조선 시대 통신망이었던 파발이 지나가는 곳이었어요. '묵동'은 먹을 만들었던 곳인데 '먹골'로 불렸다가 먹을 뜻하는 한자인 '묵'을 사용하여 묵동이 되었고, '잠실'은 누에를 키웠던 곳, '서빙고동'은 얼음을 저장하는 창고가 있었던 곳이에요. '장승배기'는 조선 시대 임금인 정조의 명령으로 장승을 세워 두었던 곳이지요. 그리고 '종로'는 종이 있는 거리라는 뜻이고, '오장동'은 옛날에 힘센 장사 다섯 명이 살았다는 이야기에서 비롯된 이름이에요.

이처럼 지명을 통해서 옛날 사람들이 이용한 교통·통신 수단, 만든 물건, 생활 방식, 건물, 의식주, 놀이 등의 생활 모습을 알 수 있어요.

우리 지역의 지명에는 어떤 이야기가 숨어 있을까요? 우리 지역의 지명과 전해 오는 이야기를 조사하려면 지역에서 오래 사신 분 또는 지역을 잘 알고 있는 어른들께 여쭈어 보거나, 지역의 문화원이나 옛날에 있던 건물을 방문해도 좋아요. 시청·군청·구청을 직접 방문하거나 시청·군청·구청의 누리집을 검색해도 되지요. 지명을 설명해 주는 도로의 안내판이나 길을 안내해 주는 이정표를 찾아보는 것도 한 방법이랍니다.

STEP ①

1. 지역의 지명이 붙은 까닭을 조사하는 방법으로 알맞지 않은 것은?
( )

① 지역의 문화원을 방문한다.   ② 시·구청 누리집을 검색한다.
③ 길을 안내해 주는 이정표를 찾아본다.
④ 새로 이사 온 사람을 찾아가 물어본다.
⑤ 지명을 설명해 주는 안내판을 찾아본다.

2. 옛날 사람들의 생활 모습이 담겨 있는 지명이 아닌 것은? ( )
① 잠실   ② 묵동   ③ 얼음골   ④ 구파발   ⑤ 서빙고동

STEP ②

3. 각 지명이 붙은 까닭과 관련 있는 것을 바르게 연결하시오.

(1) 묵동 • • ㉠ 건물 • • ① 먹
(2) 구파발 • • ㉡ 물건 • • ② 얼음
(3) 서빙고동 • • ㉢ 교통수단 • • ③ 파발
(4) 마포나루 • • ㉣ 통신 수단 • • ④ 나루터

STEP ③

4. 지역의 지명이 붙는 데 영향을 미치는 것을 두 가지 쓰시오.
( )

정·답·힌·트

STEP 1

1. 지역의 지명을 조사할 때는 지역의 문화원, 옛날에 있던 건물, 안내판, 이정표를 찾아보거나 어른들께 여쭈어 보는 방법 등이 있어요.

2. 자연환경에서 비롯된 지명도 있어요.

STEP 2

3. 지역은 사람들이 살아가는 곳이므로 지명에는 사람들의 생활 모습이 담겨 있지요.

STEP 3

4. 자연환경, 생활 모습이라는 두 가지 말이 모두 들어가야 해요.

☐ 를 해야 서로를 잘 이해하고 가깝게 지낼 수 있어

교·과·서·핵·심·용·어

교류

 개인이나 지역, 나라 간에 물건, 문화, 기술 등을 주고받는 것을 ☐ 라고 해요.

다른 사람에게 인사를 받거나 칭찬을 받으면 어떤 기분이 드나요? 혹시 그 사람과 더 친하게 지내고 싶다는 생각이 들지는 않나요?

사람들은 서로 무엇인가를 주고받으며 살아가요. 음식, 편지, 선물 등 눈에 보이는 물건을 주고받기도 하고 대화를 통해 생각이나 경험을 나누기도 하지요. 무엇인가를 만드는 기술, 도움을 받았을 때의 고마운 마음, 사랑, 인사, 칭찬 등 눈에 보이지 않는 것을 주고받기도 해요. 이러한 것을 '교류'라고 해요.

즉, **교류란 개인이나 가정, 지역, 나라 간에 물건, 문화, 기술 등을 주고받는 것**이에요. 친구끼리 편지를 주고받는 것은 개인 간의 교류이고, 가까운 이웃끼리 인사를 주고받고 음식을 나누어 먹는 것은 가정 간의 교류이며, 지역과 지역끼리 서로 생산한 것을 주고받는 것은 지역 간의 교류이지요.

도시와 농촌의 초등학교가 서로 왕래를 하며 체험 활동을 하거나, 우리나라의 초등학교가 일본의 초등학교와 문화를 교류하는 것은 학교 간의 교류, 우리나라가 다른 나라와 여러 가지 도움을 주고받는 것은 나라 간의 교류예요. 교류를 하게 되면 서로를 더 잘 이해하고 서로 더 가깝게 지낼 수 있으며, 지역이나 나라 사이에 물건을 주고받으며 필요한 것이나 부족한 것을 얻을 수 있어요. 다양한 문화나 기술 등을 교류하며 서로의 발전에 도움이 되지요.

STEP ①

1. 교류에 대한 설명으로 알맞지 않은 것을 모두 고르시오. (   )

   ① 교류는 개인 사이에서만 이루어진다.
   ② 교류를 통해 서로를 더 잘 이해할 수 있다.
   ③ 교류를 통해 서로 더 가깝게 지낼 수 있다.
   ④ 서로 물건, 편지 등 물건을 주고받는 것이다.
   ⑤ 교류는 눈에 보이는 물건을 주고받는 것이다.

2. 사람들이 서로 주고받는 것 중 눈에 보이지 않는 것을 모두 고르시오. (   )

   ① 선물   ② 칭찬   ③ 편지   ④ 사랑   ⑤ 음식

STEP ②

3. 다음 교류들은 어떤 교류에 속하는지 보기에서 번호를 찾아 쓰시오.

   〈보기〉   ① 개인 간의 교류   ② 가정 간의 교류   ③ 학교 간의 교류
            ④ 지역 간의 교류   ⑤ 나라 간의 교류

   1) 부산에 사는 가족이 김해에 유적지를 구경하러 갔다 왔다. (   )
   2) 서울에 있는 민욱이네 반 아이들이 강릉에 있는 경찬이네 반 아이들에게 편지를 받았다. (   )
   3) 이사를 와서 주위에 이사 떡을 돌렸다. (   )

STEP ③

4. 교류를 하면 좋은 점은 무엇인지 쓰시오.
   (   )

5. 이사 떡을 돌리고 반갑게 인사를 주고받았다면 이때 교류한 것은 무엇인지 쓰시오.
   (   )

정·답·힌·트

STEP 1

1. 교류는 눈에 보이지 않은 물건을 주고받기도 해요. 개인뿐만 아니라 가정, 이웃, 지역, 나라 간에도 교류가 이루어져요.

2. 사람들이 물건 이외에 다양한 생각이나 경험, 기술과 같이 눈에 보이지 않는 것들을 서로 주고받는 것도 교류예요.

교류로 어떤 것을 주고받는지 잘 알아야 해.

STEP 3

5. 물건을 주고받는 것도 교류이지만 눈에 보이지 않는 것들을 서로 주고받는 것도 교류예요.

정답 문제 뽑은 이선생님 1. ①, ⑤ 2. ②, ④ 3. 1) ④ 2) ③ 3) ② 4. 서로를 더 잘 이해하며 가깝게 지낼 수 있고, 필요를 통해 경제적인 이득을 얻거나 편리한 생활을 할 수 있고, 서로에게 필요한 것을 돌려받을 수 있다. 5. 음식 인사

　　　　　이란 생산되는 물건을 말해

교·과·서·핵·심·용·어

생산물

지역마다 자연환경과 기술 등이 달라 지역마다 　　　　　이 달라요.

우리는 다양한 음식을 먹고 물건을 사용하며 살아요. 그런 음식이나 물건을 만드는 데 필요한 재료는 우리 지역에서 생산된 것도 있지만 다른 지역에서 생산된 것도 있어요. 교류를 통해 다른 지역의 재료가 우리 지역으로 온 거예요.

그렇다면 교류를 하는 까닭은 무엇일까요? 각 지역마다 기후, 지형과 같은 자연환경이나 생활 모습이 서로 달라요. 또 각 지역의 인구, 기술, 자원이 다르고 사람들이 주로 하는 일도 다르지요. 그래서 각 지역에서 생산되는 물건인 생산물이 달라요. 농촌에서는 쌀을 생산하고, 어촌에서는 고기를 잡고, 산지촌에서는 버섯 등을 기르는 것처럼 말이에요. 그렇기 때문에 교류를 하는 거예요.

교류를 하게 되면 자기 지역에서 생산되지 않는 물건을 쉽게 구할 수 있어요. 이러한 생산물의 교류를 통해 자기 지역에서 풍부하게 생산되는 물건을 다른 지역에 팔고, 자기 지역에서 생산되지 않거나 부족한 물건은 다른 지역에서 사들여 오기 때문에 서로 경제적으로 도움이 되지요. 예를 들어 농촌에서는 쌀, 채소, 어촌에서는 생선, 미역, 김, 산지촌에서는 버섯, 나무 등을 도시로 보내고 도시에서는 공장에서 생산된 자동차, 컴퓨터, 옷 등 다양한 물건을 촌락으로 보내 주면 서로 도움이 될 거예요.

tip

특산물 : 특정 지방에서 생산되는 그 지방의 특별한 산물이에요. 그 지방의 자연환경인 기후, 지형, 토양에 알맞아 다른 지역보다 많이 생산되거나 품질이 뛰어난 산물이기 때문에 각 지방의 자연환경에 따라 특산물도 달라져요.

• 각 지역의 대표적 특산물

STEP ❶

1. 다른 지역과 교류를 하면 좋은 점은? (   )

   ① 내가 할 일이 없어진다.
   ② 어느 한쪽만 이익을 얻게 된다.
   ③ 우리 지역 사람들이 잘살지 못하게 된다.
   ④ 다른 고장에서 나지 않는 물건을 비싸게 팔 수 있다.
   ⑤ 자기 지역에서 생산되지 않는 생산물을 쉽게 구할 수 있다.

STEP ❷

2. 지역과 지역에서 나는 생산물을 바르게 연결하시오.

   ① 도시 •   • ㉠ 미역
   ② 농촌 •   • ㉡ 채소
   ③ 어촌 •   • ㉢ 나무
   ④ 산지촌 •   • ㉣ 자동차

STEP ❸

3. 농촌에서는 쌀, 어촌에서는 생선, 산지촌에서는 버섯 등 지역마다 생산되는 물건이 다른 까닭은 무엇인지 쓰시오.

   (   )

4. 울릉도에 사는 사람은 경기도에서 만든 휴대 전화를 사고, 경기도에 사는 사람은 울릉도에서 잡은 오징어를 먹는 교류의 좋은 점은 무엇인지 쓰시오.

   (   )

정·답·힌·트

STEP 1

1. 교류란 생산물을 교류하면서 서로에게 이익이 되는 것이지요.

STEP 2

2. 지역마다 자연환경, 기술 등이 다르기 때문에 생산물도 달라요.

STEP 3

3. 생산되는 물건이 다른 까닭이나 교류를 해야 하는 원인이기도 하지요.

4. 교류를 해서 좋은 점 중에서 생산물과 관련된 것을 찾아 써야 해요.

☐는 인터넷을 통해 지역의 위치를 알려 주는 거야

교·과·서·핵·심·용·어

인터넷 지도 서비스

☐란 인터넷을 통해 지도와 위성 사진 등으로 지역의 위치, 땅 모양, 도로 등을 보여 주는 것이에요. ☐를 이용하면 지역이 우리나라에서 어디에 위치하고 있는지 찾을 수 있지요.

지역의 위치를 찾는 방법에는 지도에 나타난 방위와 좌표를 이용하는 방법이 있어요. 그런데 방위로 지역의 위치를 찾을 경우에는 기준에 따라 지역의 위치가 다르게 나타나지만 좌표로 지역의 위치를 찾을 경우에는 지역의 위치가 항상 일정하게 나타나지요.

왼쪽 위의 지도를 보면 해남군은 서울특별시의 남쪽에 있고, 경주시의 서쪽에 있는 것을 알 수 있어요. 이처럼 기준에 따라 해남군의 위치가 다르게 나타나지요. 하지만 좌표로 나타낸 왼쪽 아래 지도를 보면 해남군은 (ㄴ, 5)에서 찾을 수 있고 서울특별시는 (ㄴ, 2)에서 찾을 수 있고, 경주시는 (ㄹ, 4)에서 찾을 수 있어요. 이처럼 좌표로 지역의 위치를 찾을 경우에는 지역의 위치가 항상 일정해요. 이때, 지도에서 가로줄을 먼저 찾은 뒤 세로줄을 찾아 순서쌍으로 나타내야 해요.

지도뿐만 아니라 인터넷 지도 서비스를 통해서도 지역의 위치를 찾을 수 있어요. **인터넷 지도 서비스란 인터넷을 통해 지도와 위성 사진 등으로 지역의 위치, 땅 모양, 도로 등을 보여 주는 것**이에요. 인터넷 지도 서비스를 이용하면 우리 지역이 우리나라에서 어디에 위치해 있는지 쉽게 파악할 수 있고, 지역에 대한 정보를 얻을 수도 있어요. 뿐만 아니라 날씨나 교통 정보를 얻을 수도 있지요.

STEP ❶

1. 인터넷 지도를 이용하면 좋은 점으로 옳지 않은 것은? (   )

   ① 지역의 위치를 쉽게 알 수 있다.
   ② 지역의 넓이를 정확하게 알 수 있다.
   ③ 지역에 대한 정보를 쉽게 얻을 수 있다.
   ④ 지역이 어디에 있는지 쉽게 찾을 수 있다.
   ⑤ 지역의 날씨나 교통 정보에 대해 알 수 있다.

STEP ❷

2. 다음 지도를 보고 서울특별시, 경주시, 해남군의 위치를 좌표로 나타내시오.

   서울특별시: (   )
   경주시: (   )
   해남군: (   )

STEP ❸

3. 좌표를 이용하여 지역의 위치를 나타낼 때의 좋은 점을 쓰시오.
   (   )

4. 방위와 지도에 나타난 도시를 이용하여 해남군의 위치를 나타내시오.
   (   )

정·답·힌·트

STEP 1

1. 인터넷 지도 서비스는 인터넷을 통해 지역의 위치, 땅 모양, 도로 등을 지도와 위성 사진 등으로 보여 주는 것이지요.

STEP 2

2. 지도에서 가로줄을 먼저 찾은 뒤 세로줄을 찾아 순서쌍으로 나타내야 서로 오해하는 일 없이 위치를 정확하게 알 수 있어요.

STEP 3

3. 방위로 지역의 위치를 찾을 경우 기준에 따라 지역의 위치가 다르게 나타나요.

4. 동서남북의 방위를 이용해서 나타내야 해요.

▢▢▢는 교통수단이 다니는 길이야

교·과·서·핵·심·용·어

교통로

부산광역시와 김해시 두 지역 사람들이 쉽게 오고 갈 수 있는 까닭은 ▢▢▢가 발달했고 그곳으로 다니는 버스, 경전철 등의 대중교통이 발달했기 때문이에요.

지역이 가까우면 더욱 다양한 교류가 이루어져요.

우리나라 제2의 도시인 부산광역시 주위에는 여러 도시가 있어요. 그런데 그중에서도 옛 가야의 도읍지였던 김해시와 관광, 전통문화 체험, 행사 참여, 여러 시설 이용 등의 활발한 교류를 해요. 부산광역시에 사는 사람들이 김해시에 가서 옛날 왕의 무덤을 둘러보기도 하고, 한옥 체험관에 가서 전통문화 체험을 하지요. 반대로 김해시에 사는 사람들은 부산광역시에 가서 부산 국제 모터쇼와 부산 국제 영화제, 자갈치 축제와 같은 행사에 참여해요.

이처럼 부산광역시와 김해시를 쉽게 오고 갈 수 있는 까닭은 서로 이웃한 지역으로 거리가 가까우며 두 지역을 이어 주는 교통로가 발달했고 그곳으로 다니는 버스, 경전철 등의 대중교통이 발달했기 때문이에요.

그리고 부산광역시는 물건을 만드는 공장이 많고 바다가 가까이 있는 창원시에 새로운 항구인 '부산 신항'을 만들었어요. 부산광역시는 많은 배가 들어올 수 있는 새로운 항구를 얻었고 창원시는 부산 신항 건설로 일자리가 늘어나는 등 경제적인 이익을 얻었어요.

이렇게 부산광역시와 김해시, 부산광역시와 창원시의 교류를 보면 두 지역이 가까이 있어 쉽게 도움을 주고받을 수 있다는 공통점이 있어요. 하지만 부산과 김해는 서로 부족한 것을 채워 주고, 부산과 창원은 두 지역이 함께 힘을 모아 서로에게 도움이 되는 일을 한다는 점이 달라요.

tip
부산광역시에 사는 사람들은 비행기를 타기 위해 김해시에 있는 국제공항을 이용해요.

선생님이 뽑은 문제

STEP ❶

1. 다음 (　)안에 들어갈 알맞은 것은 어느 것인가? (　　)

   부산은 창원과 함께 (　　)이라는 새로운 항구를 만들어 두 지역의 경제적인 이익을 추구하고 있다.

   ① 부산 공항　② 부산 신항　③ 창원 신항　④ 부산 조선소　⑤ 창원 조선소

STEP ❷

2. 다음 중 부산광역시의 사람들이 김해시에 방문하는 이유와 김해시의 사람들이 부산광역시에 방문하는 이유를 찾아 선으로 연결하시오.

   ① 부산광역시의 사람들이 김해시에 방문하는 이유

   ② 김해시의 사람들이 부산광역시에 방문하는 이유

   · ㉠ 자갈치 축제 참여
   · ㉡ 국제 모터쇼 참여
   · ㉢ 한옥 체험관 체험
   · ㉣ 국제 영화제 관람
   · ㉤ 옛날 왕의 무덤 구경

3. 다음 (　)안에 들어갈 알맞은 곳을 보기에서 찾아 쓰시오.

   〈보기〉　경상남도, 부산광역시, 울산광역시

   (　　) 에는 큰 상업 시설과 전시장, (　　) 에는 세계적인 산업 시설, (　　) 에는 아름다운 한려 해상 국립 공원이 있어 관광지로서 장점을 지니고 있다.

STEP ❸

4. 부산광역시와 김해시, 부산광역시와 창원시의 교류에서 알 수 있는 공통점을 쓰시오.
   (　　　　　　　　　　　　　　　　　　　　　)

정·답·힌·트

STEP 1

1. 부산이 창원과 힘을 모은 까닭은 부산항이 발달하면서 많은 배가 부산항에 들어오게 되자 넓은 새 항구가 필요했기 때문이에요.

STEP 2

2. 부산광역시와 김해시는 가까운 지역으로 교류가 잘 이루어지고 있어요.

3. 부산광역시는 이웃한 울산광역시, 경상남도와 함께 세계적인 관광지가 되기 위하여 서로 돕기로 했어요.

STEP 3

4. 지역이 가깝고 교통이 편리해야 교류가 잘 이루어지지요.

선생님이 뽑은 문제 정답 1. ② 2. ①-㉠,㉣, ②-㉢,㉤ 3. 부산광역시, 울산광역시, 경상남도 4. 두 지역이 가까이에 있고 교통이 편리하여 상대방 지역에 쉽게 갈 수 있다. 두 지역의 교류를 통해 지역 경제 발전을 도모할 수 있다 등

시·군·구청 누리집에서 ☐ 도시를 찾을 수 있어

교·과·서·핵·심·용·어

자매결연

☐ 이란 지역과 지역이 마치 형제나 친척처럼 서로 돕거나 교류하기 위하여 친밀한 관계를 맺는 것을 말해요.

가까운 지역뿐만 아니라 멀리 떨어진 지역에서도 교류가 이루어지고 있어요. 거리는 멀리 떨어져 있어도 지역과 지역끼리 공무원 교환 근무, 사찰단 및 조사단 파견 등의 행정 교류, 농산물을 싸게 살 수 있는 농수산물 직거래 장터, 무역 교류 등의 경제 교류, 친선 스포츠 경기 등의 문화 교류, 행사 참여나 홈스테이 등의 방문 교류가 이루어지고 있지요. 그밖에도 자연재해 발생 시 구조 및 지원 활동, 의료 봉사 등이 이루어지고 있어요.

이러한 교류를 통해 서로 친목을 다지고 지역에 어려운 일이 있을 때 도움을 주고받을 수 있어요. 그리고 다른 지역 사람들의 생활과 문화를 체험함으로써 서로를 이해하고 화합할 수 있게 되지요.

우리 지역과 교류하는 지역을 찾으려면 우리 지역 신문이나 방송 또는 시청·군청·구청의 홍보물을 찾아보면 돼요. 또는 시청·군청·구청의 누리집에 들어가 메뉴에서 '자매결연 도시'나 '자매 도시'를 찾아보면 되지요.

tip

부산광역시 수영구와 전라남도 구례군은 멀리 떨어져 있지만 농산물 직거래 장터를 통해 서로의 지역에서 생산된 싱싱한 농산물을 싸게 사고팔며 높은 소득을 올려요. 그리고 구례군이 지은 수련원을 수영구 주민이 이용하면서 수영구 주민은 자연 속에서 휴식을 취하거나 관광을 즐기고 구례군 주민은 관광 소득을 얻지요.

STEP ❶

1. 우리 지역과 교류하는 지역을 찾는 방법이 아닌 것은? (   )

   ① 지역 신문을 이용한다.　　② 백과사전을 찾아본다.
   ③ 지역 방송을 이용한다.　　④ 시·군·구청의 홍보물을 이용한다.
   ⑤ 시·군·구청의 누리집을 이용한다.

STEP ❷

2. 지역 간의 교류에 대한 설명으로 알맞은 것에 ○표 하시오.

   1) 자연재해가 발생하면 도움을 준다. (   )
   2) 교류는 여러 지역이 함께하기도 한다. (   )
   3) 서로의 지역 축제에 참여하지 않는다. (   )
   4) 지역 간에 이동하는 횟수가 줄어든다. (   )
   5) 멀리 떨어져 있는 지역과는 교류하지 않는다. (   )
   6) 지역과 지역은 경제, 문화 등 여러 분야에서 교류를 하고 있다. (   )

3. 지역 간의 교류 분야와 주고받는 도움을 바르게 연결하시오.

   ① 행정 교류　・　　　・ ㉠ 유학생 교류
   ② 경제 교류　・　　　・ ㉡ 친선 스포츠 경기
   ③ 문화 교류　・　　　・ ㉢ 공무원 교환 근무
   ④ 방문 교류　・　　　・ ㉣ 농수산물 직거래 장터

STEP ❸

4. 어떤 지역에서 멀리 떨어진 지역까지 가서 태풍 피해 복구를 도와주는 까닭은 무엇인지 쓰시오.

   (   )

5. 부산광역시 수영구와 전라남도 구례군처럼 농수산물 직거래 장터를 열어 지역끼리 경제 교류를 할 때의 장점을 쓰시오.

   (   )

정·답·힌·트

STEP3

4. 자매결연, 교류 등의 내용이 들어가야 해요.

5. 농산물 직거래 장터를 열면 좋은 점을 찾아야 해요.

▢란 실제 현장을 직접 보고 조사하는 일이야

교·과·서·핵·심·용·어
답사

▢▢▢는 지역의 역사, 지리, 정치, 경제, 사회, 문화 등에 대한 것을 현장에 직접 가서 관찰하거나 조사하는 거예요.

우리 지역의 자랑거리에는 어떤 것이 있을까요? 아마 아름다운 자연환경, 건축물, 문화재, 관광지와 유적지, 자랑스러운 일이나 인물, 특산물, 산업, 지역 축제 같은 것들일 거예요.

이러한 것들이 자랑거리가 될 수 있는 까닭은 다른 지역과 비교했을 때 뛰어나거나 다른 지역에는 없는, 그 지역만의 독특한 것이기 때문이에요. 그래서 지역의 자랑거리는 그 지역을 소개하는 중요한 자료예요.

지역의 자랑거리를 조사하는 방법으로는 답사하기, 면담하기, 누리집 검색하기, 문화원 방문하기, 참고 도서 찾아보기 등이 있어요.

답사는 지역의 특징을 알 수 있는 곳에 직접 가서 조사하는 것이에요. 그 지역의 역사, 지리, 정치, 경제, 사회, 문화 등에 대한 생생한 현상과 지식을 현장에서 직접 관찰할 수 있어요. 면담은 그 지역에서 오래 살았거나 지역을 잘 알고 계신 분께 궁금한 것을 묻고 답을 들어 보는 것이에요.

시청·군청·구청이나 지역 문화원의 누리집을 검색하거나, 각 지역에 있는 문화원을 방문하여 지역의 문화와 역사에 대한 다양한 자료를 찾아보거나, 향토 홍보물, 안내 책자 등 참고 도서를 찾아보아도 지역의 자랑거리를 알 수 있어요.

tip

지역 축제 : 각 지역에서 열리는, 시민들과 함께할 수 있는 관광 축제로 각 지방 고유의 문화적 특색을 담고 있어요. 각 지역마다 전해 내려오는 고유문화와 특산물을 다른 지역 사람들에게 알리고 지역 경제를 발전시키는 데 매우 중요한 역할을 하지요. 금산 인삼 축제, 여주 도자기 축제, 강릉 단오제 등이 유명해요.

• 경상남도 진해시의 지역 축제인 진해 군항제는 매우 유명한 벚꽃 축제예요.

STEP ❶

1. 우리 지역의 자랑거리에 해당하지 않는 것은? (   )
   ① 특산물   ② 건축물   ③ 자랑스러운 일   ④ 오염된 자연환경
   ⑤ 전해 오는 옛이야기

2. 지역의 자랑거리를 조사하는 방법으로 알맞지 않은 것은? (   )
   ① 참고 도서 찾아보기   ② 고장의 문화원 방문하기
   ③ 아름다운 건축물 답사하기   ④ 지역 기관의 누리집 검색하기
   ⑤ 최근에 이사 온 이웃 면담하기

STEP ❷

3. 우리 지역의 자랑거리에 대한 설명으로 맞는 것에 ○표 하시오.
   (1) 모든 지역에 골고루 있는 것이다. (   )
   (2) 인간의 바람직한 심성은 지역의 자랑거리가 될 수 없다. (   )
   (3) 다른 지역과 비교했을 때 우리 지역의 것이 더 뛰어난 것이다. (   )

4. 다음 서울의 자랑거리와 관련된 것을 바르게 연결하시오.
   ① 경복궁   • • ㉠ 산업
   ② 북한산 국립 공원   • • ㉡ 유적지
   ③ 가산 디지털 산업 단지 • • ㉢ 자랑스러운 일
   ④ 서울 올림픽 대회 개최 • • ㉣ 아름다운 자연환경

STEP ❸

5. 경상남도의 한려 해상 국립 공원이 경상남도 지역의 자랑거리가 될 수 있는 까닭을 쓰시오.
   (   )

정·답·힌·트

STEP2

3. 지역의 자랑거리로는 자연물이나 인공물, 인간의 바람직한 심성도 해당될 수 있어요.

한려 해상 국립 공원은 우리나라 최초의 해상 국립 공원이야.

⬜⬜⬜는 지역의 모습과 특징을 볼 수 있는 지도야

교·과·서·핵·심·용·어

지역 안내도

⬜⬜⬜⬜에는 지역의 산, 강, 바다 등 자연환경과 도로, 건물, 문화재, 공공시설 등 사람이 만든 환경이 나타나 있어 다른 지역 사람들에게 우리 지역의 모습과 특징을 알려 줄 수 있지요.

tip

지역 안내도 만드는 순서
주제 정하기 ⇨ 주제 관련 자료 모으기 ⇨ 지역의 전체 모습 그리기 ⇨ 산과 강, 철도, 도로 등을 그리기 ⇨ 지역의 특징이 드러나는 사진 붙이기 ⇨ 자세한 설명 덧붙이기

콜라주 : 근대 미술에서 화면에 종이·인쇄물·사진 따위를 오려 붙이고 그 일부에 붓을 대어 보태거나 지워서 작품을 만드는 거예요.

우리 지역을 소개하고 싶나요? 그렇다면 먼저 우리 지역의 자연환경, 축제, 특산물, 문화유산 등 자랑거리 중에서 소개할 주제를 정해요. 그리고 주제에 어울리는 소개 방법을 친구들과 의논하여 정하고, 주제와 내용, 방법, 준비물 등이 포함된 소개 계획서를 만들면 되지요.

소개 방법에는 지역 소개 콜라주, 지역 홍보 책자, 지역 홍보 달력, 지역 안내도 등이 있어요. 지역 소개 콜라주는 신문이나 잡지에서 지역의 자랑거리를 다룬 기사나 사진 등을 찾아서 오려 붙여 만드는 거예요. 사진을 이용하기 때문에 한눈에 보여 줄 수 있고 만들기도 쉬워요. 지역의 자랑거리를 소개하는 사진이나 그림, 글 등을 담아 지역 홍보 책자도 만들 수 있어요. 사진과 설명글이 함께 있기 때문에 지역의 자랑거리를 구체적으로 소개할 수 있지요.

지역 홍보 달력은 지역의 자랑거리를 시기나 계절과 관련지어 달력으로 만드는 거예요. 계절에 어울리는 우리 지역의 자랑거리를 효과적으로 소개할 수 있지요. 지역 안내도는 지역의 모습과 특징을 살펴보는 데 편리한 지도로 교통도, 관광 안내도, 문화재 지도 등이 있어요. 지도에 지역의 모습이나 특징이 드러나는 자료와 글을 넣어 만들어요. 지역의 산, 강, 바다 등 자연환경과 도로, 건물, 문화재, 공공시설 등 사람들이 만든 환경이 나타나 있어 우리 지역의 자랑거리와 위치를 한눈에 찾을 수 있어요.

STEP ❶

1. 우리 지역을 소개하는 자료를 만들 때 가장 먼저 해야 할 일은? (   )

   ① 소개 자료 꾸미기   ② 소개 자료 발표하기   ③ 소개 계획서 만들기
   ④ 소개할 방법 정하기   ⑤ 소개할 주제 정하기

STEP ❷

2. 지역 안내도를 만드는 과정을 순서에 알맞게 기호로 쓰시오.

   ㉠ 주제 정하기   ㉡ 지역의 전체 모습 그리기
   ㉢ 사진에 대한 자세한 설명 덧붙이기   ㉣ 주제와 관련된 자료 모으기
   ㉤ 산과 강, 철도, 도로 등 그리기   ㉥ 지역의 특징이 드러나는 사진 붙이기

   (→   →   →   →   →   )

3. 지역 안내도를 보고 알 수 있는 것이 아닌 것은? (   )

   ① 지역의 산   ② 지역의 넓이   ③ 지역의 도로
   ④ 지역의 건물   ⑤ 지역의 문화재

STEP ❸

4. 지역을 소개하는 다음 자료의 이름을 쓰고 이 자료를 이용하면 좋은 점을 쓰시오.

이름 (   )
좋은 점 (   )

정·답·힌·트

STEP 1

1. 지역을 소개할 때에는 '소개할 주제 정하기 ⇨ 소개할 방법 정하기 ⇨ 소개 계획서 만들기 ⇨ 소개 자료 만들어 발표하기'의 순서로 해요.

STEP 2

2. 지역을 소개하는 방법과 지역 안내도 만드는 방법을 구분하여 기억해 두세요.

3. 지역 안내도에는 지역의 산, 강, 바다 등 자연환경과 도로, 건물, 문화재, 공공시설 등 사람들이 만든 인문 환경이 나타나 있지요.

깊이 알아보기 세계화

• 세계화란 무엇일까요?

지금 전 세계는 나라 간의 교류로 인해 세계화가 이루어졌어요. 세계화란 각 지역의 사회가 고립되어 있던 상태에서 다른 지역들과 교류가 생기고 이 교류가 널리 일반화되어 가는 현상을 말해요. 즉, 나라 사이의 국경의 의미가 사라지고 전 세계의 모든 나라가 경제, 사회, 문화적으로 서로 밀접한 관계를 갖게 되는 것이지요. 그래서 세계화가 이루어지면 전 세계가 정치, 경제, 사회적으로 묶이게 되는 거예요.

• 세계화의 원인

이와 같은 세계화가 일어난 주요 원인으로는 교통과 통신의 발달, 자유 민주주의 시장 체제와 이민 등을 들 수 있어요.

교통의 발달로 사람과 물자의 이동이 빨라지면서 전 세계는 1일 생활권이 되었어요. 그만큼 각 나라가 서로 가까워진 거예요. 그리고 통신의 발달로 인해 정보 교환이 빨라졌어요. 특히 정보를 처리하고 전달하는 속도가 빨라져 세계 어디서든 정보를 곧바로 주고받을 수 있게 되었어요.

각 나라끼리 무역을 통해 전 세계를 시장으로 하여 물건을 팔고 사며 경쟁하는 자유 민주주의 시장 체제도 세계화의 원인이에요. 정치, 경제, 문화의 면에서 국가 간에 더욱 활발한 교류를 불러 일으켰지요. 경제적, 정치적인 이유 때문에 다른 나라로 가서 사는 이민이 증가하면서 서로 다른 문화의 화합이 일어나고 국가 간의 교류가 확대된 것도 세계화의 원인 중 하나랍니다.

• 세계화로 인한 변화

예전에 세계의 중심은 유럽과 미국이었어요. 하지만 지금은 인구가 많은 인도와 중국, 즉 아시아가 세계의 중심지로 성장하고 있지요. 세계화로 인한 변화예요.

전 세계를 하나의 시장으로 생각하고 각 나라 사이를 가로막고 있는 시장의 경계를 없애자는 '자유 무역주의'로 인해 시장에도 커다란 변화가 생겼어요. 가장 대표적인 변화의 예로 다국적 기업들이 많아졌어요. 다국적 기업이란, 이익이 된다면 세계 곳곳에 회사를 세워서 물건을 만들고 판매하는 기업이에요. 맥도날드, 인텔, 코카콜라, 필립스 같은 곳들이지요.

뉴욕, 런던, 도쿄와 같은 대도시가 나타나 국제적 규모의 의사 결정과 조절 기능 등을 수행하게 되었고, 나라와 나라 사이에도 다양한 협력 관계가 만들어졌어요. 국제 연합(UN), 경제 협력 개발 기구(OECD) 등 자기 나라의 생존과 이익을 위해 다른 나라들과 정치, 경제, 사회, 문화 등 여러 방면에서 공동 목표를 추구하는 협력 단체를 만들었지요. 지리적으로 가깝고 정치적, 문화적으로 비슷한 국가들끼리도 서로 협력하게 되었는데, 동남아시아 국가 연합(ASEAN), 아시아 태평양 경제 협력체(APEC), 유럽 연합(EU) 등이 대표적이에요.

이러한 세계화로 어느 나라든 다양한 문화를 접하게 되었고, 이제 세계인은 문화의 다양성을 인정하게 되었어요. 모든 문화는 각자 독특하고 고유한 특성을 가지고 있으므로 이를 인정하고 존중해야 한다는 것이에요.

• 국제 연합(UN)은 세계 2차 대전 후에 만들어진, 세계 평화를 위한 기구예요.

옛날과 오늘날의 달라진 생활 모습에 대해 알아보기

오늘날과 옛날 사람들의 생활 모습 | 의생활의 변화 | 식생활의 변화 | 주생활의 변화 | 옛날 아이들과 오늘날 아이들의 놀이 | 옛것과 오늘날의 것 | 김치에 담긴 조상들의 슬기 | 한복에 담긴 조상들의 멋 | 온돌에 담긴 조상들의 지혜

5장

달라지는 생활 모습

사람이 생활하면서 입고 먹고 자는 생활은 옛날이나 오늘날이나 마찬가지예요.
하지만 우리가 살아가는 생활 모습은 시간의 흐름에 따라 많이 달라졌지요.
그렇다면 옛날과 오늘날의 생활 모습은 어떻게 달라졌을까요?
그중에서도 옛날과 오늘날의 옷차림, 음식, 집, 놀이의 모습은 어떻게 달라졌을까요?
그리고 같은 용도이지만 옛날에 쓰던 물건과 오늘날 쓰는 물건은 어떻게 다를까요?
또, 조상의 멋과 슬기가 오늘날까지 이어져 온 것에는 어떤 것이 있을까요?

옛날에는 ▢▢▢을 뒷간이라고 했어

교·과·서·핵·심·용·어
화장실

옛날에는 ▢▢▢이 집 안에 없어 불편했지만 지금은 대부분 ▢▢▢이 집 안에 있어 편리하지요.

아주 오래전부터 사람들은 옷을 입고, 음식을 먹고, 집에서 생활하며, 놀이를 즐기며 살아왔어요. 하지만 시간이 흐름에 따라 생활 모습은 많이 달라졌어요.

옛날 사람들은 우리 전통 옷인 한복을 입고 짚을 엮어 만든 짚신이나 가죽신을 신었어요. 그리고 집에서 밥과 김치, 국, 나물 반찬 등을 먹고 초가집이나 기와집에서 살았어요. 여자들은 집 안에서 다듬이질이나 수를 놓고, 아이들은 그네뛰기, 자치기, 제기차기, 연날리기, 공기놀이, 술래잡기, 닭싸움 등의 놀이를 했지요.

오늘날에는 양복, 티셔츠, 치마, 청바지 등의 옷을 입고 때와 장소에 알맞게 구두나 운동화를 신어요. 그리고 주로 집에서 밥과 국, 반찬, 김치를 먹지만 음식점에서 피자, 중화요리, 스테이크와 같은 다른 나라 음식을 먹기도 하지요. 대부분 거실과 화장실이 집 안에 있는 아파트나 단독 주택 등의 양옥에서 생활하고, 아이들은 농구, 자전거 타기, 컴퓨터 게임 등의 놀이를 해요.

옛날과 오늘날 사람들 모두 집에서 생활하고, 음식을 먹고, 옷을 입으며, 여가 시간에 놀이를 한다는 점은 같아요. 하지만 옛날 집에서는 남자와 여자의 공간이 나뉘어 있고 집안일은 주로 여자들이 했지만, 오늘날에는 가족이 함께 공간을 사용하고 화장실도 집 안에 있지요. 그리고 옛날 아이들은 주로 함께하는 놀이를 했지만 오늘날 아이들은 혼자서 놀이하는 시간이 많고 정해진 곳에서 놀이를 해요.

tip

옛날의 생활용품

1) 똥장군 : 똥을 담아 나르는 오지나 나무로 된 그릇
2) 화로 : 숯을 담아 방 안을 따뜻하게 했던 도구
3) 갓 : 어른이 된 남자가 머리에 쓰던 모자 중 하나
4) 지게 : 짐을 얹어 사람이 등에 지는 우리나라 고유의 운반 기구

• 옛날에는 짚을 엮어 만든 짚신을 신었어요.

선생님이 뽑은 문제

STEP ❶

1. 오늘날의 집에서 자주 보기 어려운 생활 모습은 어느 것인가? (　　)

   ① 방에서 컴퓨터 게임을 하는 모습
   ② 인터넷으로 물건을 주문하는 모습
   ③ 엄마가 한복을 입고 요리를 하는 모습
   ④ 음식점에서 요리를 배달시켜 먹는 모습
   ⑤ 아파트 거실에서 가족이 대화를 나누는 모습

STEP ❷

2. 오늘날 사람들의 생활 모습으로 알맞은 내용에는 ○표, 알맞지 않은 내용에는 ×표를 하시오.

   • 맷돌로 곡식을 갈았다. (　　)
   • 화장실이 집 안에 있다. (　　)
   • 점심으로 카레와 피자를 먹는다. (　　)
   • 부엌에서 여자만 음식을 만든다. (　　)
   • 남자들은 갓을 쓰고 도포를 입는다. (　　)
   • 초가집에서 여자들이 다듬이질을 한다. (　　)
   • 기와집 방 안에서 여자가 수를 놓는다. (　　)
   • 운동장에서 친구들과 함께 축구를 한다. (　　)
   • 부모님과 함께 대형 마트에 가서 장을 본다. (　　)

3. 다음 (　　)안에 들어갈 알맞은 말을 쓰시오.

   (　　) 는 숯불을 담아 불씨를 보존하거나 방 안을 따뜻하게 했던 도구예요.

STEP ❸

4. 옛날에 김장독을 사용하는 것과 오늘날에 김치냉장고를 사용하는 생활 모습에서 비슷한 점과 다른 점을 쓰시오.
   (　　　　　　　　　　　　　　　　　)

정·답·힌·트

STEP 1

1. 옛날 사람들은 우리나라 전통 옷인 한복을 입고 생활했지요.

STEP 2

3. 화로

STEP 3

4. 땅속은 바깥 기온보다 서늘하여 자연적으로 냉장고 역할을 해 주었어요.

___은 양말처럼 발에 신는 거야

교·과·서·핵·심·용·어

버선

오늘날 사람들은 한복 대신 서양식 옷을 입고, ☐ 대신 양말을 신고, 갓을 벗고 머리를 짧게 자르기 시작했어요.

옷을 입거나 마련하는 것과 관련된 생활을 '의생활'이라고 해요. 옛날과 오늘날의 의생활은 어떻게 다를까요?

옛날에는 성별에 따라 옷차림이 달랐어요. 남자들은 바지, 저고리를 기본으로 입고 외출할 때에는 도포 등을 입고 갓을 썼어요. 여자들은 저고리와 치마를 기본으로 입고 외출할 때에는 장옷이라는 긴 옷을 머리에서부터 내려 썼지요. 하지만 오늘날에는 주로 한복 대신 서양식 옷을 입고, 활동하기 편한 셔츠, 청바지를 즐겨 입으며, 버선 대신 양말을 신어요. 남자와 여자 옷의 구분이 거의 없어졌고요.

신발에도 변화가 많아요. 옛날에는 짚신, 나막신 등 주변에서 쉽게 구할 수 있는 짚이나 나무로 만들어 신었지만 근대에 들어 고무신을 신었고, 오늘날에는 운동화, 구두 등 더 튼튼하고 다양한 디자인의 신발을 신고 있어요.

계절에 따라 옷차림이 다른 것은 옛날이나 지금이나 같지만 무엇을 입느냐는 달라요. 옛날에는 여름에 통풍이 잘 되는 모시옷, 삼베옷을 입었고 추운 겨울에는 무명옷, 비단옷을 입었지만 오늘날에는 여름에는 얇고 짧은 옷, 겨울에는 오리털 점퍼처럼 두껍고 긴 옷을 입어요.

옷감의 재료도 달라졌어요. 옛날에는 목화, 삼베, 누에를 키워 뽑아 낸 실 등 주로 자연에서 얻은 재료로 옷감을 만들었지만, 오늘날에는 합성 섬유 등 다양한 재료로 옷감을 만들어요.

이처럼 의생활이 달라진 이유는 한복이 손질하기 힘들고, 입고 활동하기에도 불편하고 번거롭기 때문이에요. 그래서 보다 편리한 양복을 입는 거예요.

tip

옛날의 옷감 재료

모시: 모시 풀 껍질의 섬유로 짠 천으로 여름 옷감으로 많이 쓰임
삼베: 삼이라는 풀을 이용하여 실을 만들어 천을 짠 것
무명: 목화에서 뽑은 실로 천을 짠 것
비단: 누에에서 뽑은 명주실로 짠 광택이 나는 천

• 목화에서 뽑은 실로 무명을 만들어요.

STEP ❶

1. 옛날 우리 조상들이 여름철에 주로 입었던 옷을 모두 고르시오. (   )
   ① 비단옷   ② 삼베옷   ③ 모시옷   ④ 무명옷   ⑤ 두루마기

2. 오늘날 사람들이 즐겨 입는 옷이 아닌 것은 어느 것인가? (   )
   ① 양복   ② 셔츠   ③ 치마   ④ 장옷   ⑤ 청바지

STEP ❷

3. 옛날 남자들이 입었던 옷과 여자들이 입었던 옷을 보기에서 골라 번호를 쓰시오.

   〈보기〉 ① 바지   ② 장옷   ③ 치마   ④ 도포   ⑤ 청바지   ⑥ 블라우스

   1) 옛날 남자들이 주로 입었던 옷 (   )
   2) 옛날 여자들이 주로 입었던 옷 (   )

4. 다음 신발이 변화한 순서대로 기호를 쓰시오.
   ㉠ 짚신   ㉡ 운동화   ㉢ 고무신
   (   ) → (   ) → (   )

STEP ❸

5. 옛날과 오늘날의 의생활 모습에서 알 수 있는 비슷한 점은 무엇인지 쓰시오.
   (   )

6. 우리나라에 서양 문화가 들어오면서 달라진 의생활의 모습을 쓰시오.
   (   )

선생님이 뽑은 문제

정·답·힌·트

STEP 1

1. 여름에는 바람이 잘 통하는 천으로 만든 옷을 입었어요.

2. 장옷은 옛날 여자들이 외출할 때 입은 옷이에요.

STEP 2

4. 튼튼하고 디자인이 다양한 운동화나 구두가 등장하면서 고무신도 사라지고 있어요.

STEP 3

5. 입는 옷의 종류는 다르지만 옷을 입는 점은 비슷해요.

6. 옛날과 오늘날 의생활의 차이점을 찾아 비교해서 써야 해요.

음식과 관련된 사람들의 생활을 ☐ 이라고 해

교·과·서·핵·심·용·어
식생활

☐ 이란 먹는 음식, 식사하는 방법, 음식을 만드는 일 등에 관련된 생활을 뜻해요.

tip

세시 음식 : 계절에 따라 먹는 음식과 명절, 절기에 따라 먹는 음식을 통틀어 세시 음식이라고 해요. 설날에는 떡국, 여름철에는 삼계탕, 추석에는 송편, 동지에는 팥죽을 먹는 등 옛날과 오늘날 모두 명절, 계절, 절기에 따라 먹는 세시 음식은 변함이 없지요.

• 여름에는 삼계탕을 먹어요.

먹는 음식, 식사하는 방법, 음식을 만드는 일 등에 관련된 생활을 '식생활'이라고 해요. 옛날이나 지금이나 식생활은 사람들의 생활에서 중요한 부분을 차지하고 있어요.

옛날의 부엌은 방과 마루와 분리되어 있었어요. 돌 두 짝을 포개 만든 맷돌을 이용하여 곡식 등을 갈았고, 땔감을 사용하여 아궁이에 불을 피워서 무쇠로 만든 가마솥에 밥을 짓거나 음식을 만들었어요. 하지만 오늘날의 부엌은 거실과 같은 공간에 있는 집이 많고 가스나 전기를 이용한 전기밥솥, 압력 밥솥 등으로 밥을 지어요. 맷돌 대신 믹서로 곡식이나 과일을 갈지요. 이처럼 옛날과 오늘날의 부엌 위치, 조리 도구, 음식을 만드는 방법은 많이 달라졌어요.

음식의 종류도 달라졌을까요? 옛날에는 밥과 국, 김치, 채소로 만든 반찬을 먹고 주변에서 손쉽게 구할 수 있는 재료로 음식을 만들었어요. 그리고 된장, 고추장, 간장 등도 장독에 넣어 두고 오래오래 먹었지요. 오늘날에도 밥, 국, 반찬을 먹고 된장, 고추장, 간장 등과 같은 전통 음식을 먹어요. 우리나라의 자연환경은 옛날이나 오늘날이나 비슷하고 옛날의 식생활 전통이 오늘날에도 이어져 오고 있기 때문이에요. 하지만 오늘날에는 햄, 라면, 통조림과 같은 가공식품과 고기도 많이 먹고 과자, 빵, 국수와 같은 밀가루 음식도 많이 먹어요. 중화요리나 스파게티와 같은 다른 나라 음식도 즐겨 먹지요.

이처럼 오늘날 음식이 다양해진 까닭은 다른 나라와 교류가 많아지고, 음식을 저장하는 기술이 발달하였으며 생활 수준이 높아졌기 때문이에요.

선생님이 뽑은 문제

STEP ①

1. 옛날과 오늘날 식생활 모습의 비슷한 점이 아닌 것은? (   )

   ① 밥과 국, 반찬을 먹는 점   ② 음식을 만들 때 불을 이용하는 점
   ③ 된장, 고추장 등과 같은 전통 음식을 먹는 점
   ④ 주변에서 쉽게 구할 수 있는 재료로 만드는 점
   ⑤ 명절, 계절, 절기에 따라 먹는 음식이 변하지 않는 점

2. 옛날 사람들의 식생활에 대해 알맞지 않은 것을 모두 고르시오. (   )

   ① 부엌이 마루와 같은 공간에 있었다.
   ② 음식을 만들 때 땔감을 사용하였다.
   ③ 떡국, 송편, 팥죽 등의 세시 음식을 먹었다.
   ④ 통조림, 소시지 등의 가공식품을 즐겨 먹었다.
   ⑤ 주변에서 쉽게 구할 수 있는 재료로 음식을 만들었다.

STEP ②

3. 명절과 계절, 절기에 따라 먹는 음식을 알맞게 선으로 연결하시오.

   ① 설날   •   • ㉠ 떡국
   ② 추석   •   • ㉡ 팥죽
   ③ 동지   •   • ㉢ 송편
   ④ 여름철   •   • ㉣ 삼계탕

4. 다음 (   )안에 들어갈 알맞을 말을 쓰시오.

   오늘날에도 옛날부터 전해 오는 음식을 먹는 까닭은 우리나라의 (   )이 옛날이나 오늘날이나 비슷하기 때문이에요.

STEP ③

5. 옛날과 오늘날 사람들이 먹는 음식의 다른 점을 쓰시오.

   (   )

정·답·힌·트

STEP 1

1. 옛날과 오늘날에 음식을 만들 때 불을 이용한 모습은 같지만, 옛날에는 나무를 땔감으로 사용하였고 오늘날에는 가스나 전기를 사용했지요.

2. 옛날에는 대부분 부엌이 마루와 구분되어 있었어요.

STEP 1

3. 떡국

STEP 3

5. 음식의 종류가 달라진 점을 써야 해요.

깊이 알아보기 우리나라의 식생활

• 계절별 재료를 이용한 음식을 먹었어요

우리 조상들은 계절마다 그 계절에 나는 재료를 이용해 음식을 해 먹었어요. 계절에 나는 재료를 이용한 음식을 '시식'이라고 해요.

봄에는 입맛을 돋우는 음식을 많이 먹었어요. 봄에 나는 쑥, 달래, 냉이 같은 나물을 캐어 국에 넣거나 무쳐서 먹었어요. 어린 쑥으로는 절구로 찧어 부드럽게 만든 뒤 찹쌀가루와 섞어 쑥떡을 만들어 먹었지요. 진달래가 피어 나면 화전을 만들어 먹기도 했어요.

여름에는 더위에 지치지 않게 영양분을 보충할 수 있는 음식을 많이 먹었어요. 어린 닭에 찹쌀, 마늘, 인삼, 대추 등을 넣고 푹 삶은 삼계탕은 대표적인 몸보신 음식이에요. 땀을 흘려 몸 밖으로 나간 소금기를 보충해 주기 위해 오이지, 짠지 등의 밑반찬을 만들어 먹었고, 여름에 나는 애호박, 도라지, 더덕 등을 말려 저장해 두고 먹었어요.

가을에는 오곡백과가 무르익어 많은 것들을 다양하게 먹었어요. 가을에 수확한 햅쌀을 익반죽하여 깨, 팥, 콩 등의 소를 넣은 뒤 반달 모양을 빚어 송편을 만들어 먹는 등 햇곡식, 햇과일로 다양한 음식을 만들어 먹었지요.

겨울에는 생산되는 음식 재료가 많지 않기 때문에 김치를 비롯해 여러 가지 채소를 간장, 된장, 고추장에 넣어 삭힌 장아찌 등의 저장 음식을 많이 해 먹었어요. 그리고 메밀국수, 수정과, 강정 등을 만들어 먹었지요.

• 명절에 절식을 차려 먹었어요

떡국, 송편, 오곡밥 같은 것은 고유의 명절에 차려 먹는 음식이에요.

설날에는 대부분의 지역에서 흰 떡국을 먹었어요. 하지만 중부 이북 지역에서는 떡국에 꿩고기나 숙주, 두부,

버섯, 김치 등으로 만든 만두를 넣어 떡만둣국을 만들어 먹기도 했지요. 정월 대보름에는 찹쌀, 차조, 붉은 팥, 찰옥수수, 검은콩 등 5가지 곡식으로 지은 오곡밥과 가을에 말려 두었다가 물에 불려 삶아 무치거나 아홉 가지의 묵은 나물을 볶아 먹었어요.

단오에는 쌀가루에 쑥을 넣어서 차바퀴의 모양으로 만든 수리취떡을 먹고 추석에는 풍성한 햇곡식과 햇과일을 먹으며 솔잎 향기가 나는 송편과 토란으로 끓인 토란탕을 먹었어요. 그리고 동지에는 팥을 삶아 으깨어 거른 물에 쌀과 둥글게 빚은 새알심을 넣고 쑨 붉은 팥죽을 먹었지요. 이처럼 명절에 차려 먹는 음식을 '절식'이라고 해요.

• 정월 대보름에는 오곡밥에 나물을 볶아 먹었어요.

• 떡, 한과, 화채와 차 같은 간식을 만들어 먹었어요

떡이란 곡식 가루를 반죽하여 찌거나 삶아 익힌 음식이에요. 관혼상제 의식 때에는 물론이고 명절, 아기의 백일이나 돌, 또는 생일 등 잔치에서 빼놓을 수 없는 음식이지요. 그리고 한과는 곡물 가루에 꿀, 엿, 설탕 들을 넣고 반죽하여 기름에 지지거나, 과일, 열매, 식물의 뿌리 등을 꿀로 조리거나 버무린 뒤 굳혀 만든 과자를 말해요. 또, 뜨겁게 끓여서 마시는 '차'와 차게 해서 마시는 '화채'를 만들어 마셨어요. 화채는 꿀이나 설탕을 탄 물이나 오미자 물에 각종 과일을 썰어 넣거나 꽃잎을 넣어 만들어요.

• 떡은 아기 백일 등의 잔치에서 빼놓을 수 없는 음식이에요.

☐은 우리나라의 전통 건축 양식으로 지은 집이야

한옥

 자연에서 쉽게 구할 수 있는 흙, 나무 등으로 만들어 옛날 우리 조상들이 살던 집을 ☐이라고 해요.

 옛날 우리 조상들은 한옥에서 주로 살았어요. 한옥은 자연에서 쉽게 구할 수 있는 흙, 나무, 돌 등으로 만들었는데 지붕의 재료에 따라 흙을 구워 만든 기와로 지붕을 얹은 기와집, 볏짚 등으로 지붕을 얹은 초가집, 지형과 기후에 따른 너와집과 귀틀집 등이 있어요.

한옥은 보통 대문, 마당, 부엌, 사랑방, 안방, 마루, 외양간, 화장실, 장독대 등을 갖추고 있어요. 화장실은 집의 건물들과 멀리 떨어져 있었지요. 건물의 구조를 살펴보면 주춧돌, 기둥, 들보, 서까래, 벽, 문, 처마, 지붕 등으로 이루어져 있어요. 호롱불을 사용하여 방 안을 밝혀야 했고, 집 안에 수도 시설이 없어 우물이나 시냇가에서 물을 길어와 사용했어요.

오늘날에는 단독 주택, 연립 주택, 아파트와 같은 양옥에서 주로 살아요. 사람들이 많아지면서 아파트가 점점 늘어나고 있지요. 전기를 사용하여 집 안을 밝히고, 집집마다 수도 시설이 설치되어 있어 물을 쉽게 사용할 수 있어요. 옛날과 달리 화장실과 부엌 등 대부분이 집 안에 있지요.

이처럼 **사는 집이나 사는 곳에 관한 생활을 '주생활'**이라고 하는데, 우리나라의 주생활이 변화한 원인은 전기의 발명과 수도 시설의 발달 때문이에요. 전기의 발명으로 밤늦게까지 전등을 켜고 생활할 수 있고, 가전제품을 사용할 수 있게 되어 생활이 편리해졌어요.

tip
한옥은 지방에 따라 집의 모양이 조금씩 달라요. 남부 지방에서는 통풍에 유리하도록 방, 마루, 부엌이 'ㅡ' 모양이고, 중부 지방에서는 방 사이에 마루를 만들어 통풍이 되도록 'ㄱ'자 모양이며, 북부 지방에서는 추운 날씨에 대비한 'ㅁ'자 모양이지요.

운현궁 〈서울〉

선생님이 뽑은 문제

STEP ❶

1. 한옥을 초가집과 기와집으로 나누는 기준은 무엇인가? (   )

   ① 집값   ② 집의 구조   ③ 집의 크기   ④ 지붕의 재료   ⑤ 집에 사는 사람 수

2. 옛날과 오늘날 집 안의 모습으로 알맞지 않은 것은? (   )

   ① 옛날에는 밤에 호롱불을 사용했다.
   ② 옛날에는 집 안에 화장실이 있었다.
   ③ 옛날에는 우물에서 물을 길어 와 사용했다.
   ④ 오늘날에는 집집마다 수도 시설이 설치되어 있다.
   ⑤ 오늘날에는 어두워지면 전기를 사용해 불을 켠다.

STEP ❷

3. 다음 (   )안에 들어갈 알맞은 말을 쓰시오.

   옛날에는 어두워지면 (   )을 사용하여 방 안을 밝혔지만, 오늘날에는 전기를 사용하지요.

STEP ❸

4. 아래 그림에서 옛날에 비해 편리해진 오늘날 주생활 모습의 변화를 쓰시오.

옛날

오늘날

(   )

정·답·힌·트

STEP 1

1. 지붕의 재료에 따라 흙을 구워 만든 기와로 지붕을 얹은 집을 기와집, 볏짚 등으로 지붕을 얹은 집을 초가집이라고 해요.

2. 오늘날에는 집집마다 수도 시설이 설치되어 물을 쉽게 사용할 수 있으며 화장실이 대부분 집 안에 있지요.

STEP 2

3. 옛날에는 사기, 유리 등의 작은 병에 석유 등을 담아서 심지를 꽂은 뒤 심지에 불을 붙여 사용했어요.

STEP 3

4. 수도 시설이라는 내용이 들어가면 비교하는 것이 더 확실해지지요.

옛날 남자아이들은 자치기, 땅따먹기 같은 ▢▢를 했어

교·과·서·핵·심·용·어

놀이

실내에서 할 수 있는 ▢▢▢에는 컴퓨터 게임, 보드 게임 등이 있고, 실외에서는 술래잡기, 자전거 타기 같은 ▢▢▢를 할 수 있어요.

tip

민속놀이 : 옛날부터 전해져 내려오는 여러 가지 전통 놀이로 각 지방의 생활이나 풍속이 담겨 있어요. 우리 조상들은 설의 연날리기와 윷놀이, 대보름의 줄다리기, 단오의 그네뛰기와 씨름, 추석의 강강술래처럼 명절에 다양한 민속놀이를 즐겼어요.

친구나 가족과 함께 하는 놀이는 우리의 생활을 즐겁게 만들어 주어요. 그런데 오늘날 아이들이 하는 놀이를 옛날 아이들도 했을까요? 아니면 다른 놀이를 했을까요?

옛날 남자아이들은 자치기, 땅따먹기, 관직명을 외우는 승경도 놀이나 비석치기 등을 했어요. 여자아이들은 실뜨기나 고무줄놀이, 공기놀이 등을 했지요. 딱지치기를 하거나 연을 만들어 날리기도 했어요. 나무와 고무줄로 새총을 만들고 팽이치기도 했지요. 보통 바깥에서 많이 놀았고, 주변에서 놀이 도구를 찾거나 직접 만들었어요. 대부분 또래 아이들과 함께 놀았어요.

오늘날 아이들은 실내에서는 보드게임, 블록 놀이, 컴퓨터 게임 등을 하고, 실외에서는 인라인스케이트, 축구, 술래잡기, 자전거 타기 등을 해요. 예전과 달리 실내에서 놀이 하는 시간이 많고, 놀이터처럼 정해진 곳에서 놀이를 하는 경우가 많아요. 놀이 도구는 주로 가게에서 사고, 게임기와 컴퓨터와 같은 전자 기기가 많지요. 혼자 하는 놀이도 많고 공부와 관련된 놀이, 외국에서 들어온 놀이도 많아요.

이처럼 옛날과 오늘날의 놀이가 변화한 까닭은 과학이 발달하고 전자 기기가 많아졌기 때문이에요. 새로운 놀이가 생겨나고 다른 나라의 놀이가 전해졌기 때문이기도 하지요. 친구들과 만나서 함께 놀이할 시간이 부족해지고, 같이 놀 수 있는 친구와 가족이 줄어들었으며, 놀이를 할 수 있는 공간도 많이 부족해지기도 했어요.

• 민속놀이 중에서 설에는 연날리기를 즐겼어요.

STEP ❶

1. 새총을 만들기 위한 재료는 어느 것인가? ( )

   ① 실　　② 고무줄　　③ 달력　　④ 돌멩이

2. 옛날 아이들의 놀이의 특징이 아닌 것은 어느 것인가? ( )

   ① 남자와 여자가 따로 놀았다.　　② 놀이 도구는 대개 만들어서 사용했다.
   ③ 주로 실내에서 놀았다.　　④ 마을 공터에서 놀이를 많이 하였다.
   ⑤ 자치기, 고무줄놀이, 실뜨기 등을 즐겨했다.

STEP ❷

3. 다음 놀이들을 옛날과 오늘날의 놀이로 구분하여 알맞은 기호를 쓰시오.

   ㉠ 축구　㉡ 자치기　㉢ 공기놀이　㉣ 보드게임　㉤ 땅따먹기　㉥ 비석치기
   ㉦ 컴퓨터 게임　㉧ 고무줄놀이　㉨ 인라인스케이트

   • 옛날 놀이 (　　　　　　)　　• 오늘날 놀이 (　　　　　　)

4. 다음 놀이에 대한 설명이 올바른 것에 O표 하시오.

   1) 비석치기는 바닥에 세워지는 손바닥만 한 돌을 정해진 방법대로 가지고 가서 상대편 돌을 맞혀서 쓰러뜨리는 놀이이다. ( )
   2) 실뜨기는 블록을 끼우거나 맞추어서 여러 모양을 만드는 놀이이다. ( )
   3) 자치기는 짤막한 나무 막대를 긴 막대로 쳐서 날아간 거리를 재어 승부를 정하는 놀이이다. ( )
   4) 공기놀이는 작고 동그란 돌 등을 다섯 개 또는 여러 개 땅바닥에 놓고, 일정한 규칙에 따라 집고 받는 놀이이다. ( )
   5) 땅따먹기는 둥글고 작은 돌을 자기 집에서 튕겨서 세 번 만에 다시 돌아오면 안쪽 자리가 자기 집이 되는 놀이이다. ( )

STEP ❸

5. 옛날과 오늘날의 놀이가 변한 까닭은 무엇인지 쓰시오.

   (　　　　　　　　　　　　　　　　　　　　　　)

선생님이 뽑은 문제

정·답·힌·트

STEP 1

1. 새총은 나무와 고무줄로 만들었어요.

STEP 2

4. 소꿉놀이는 플라스틱이나 나무로 만든 작은 그릇, 냄비, 숟가락 같은 것으로 하는 놀이에요.

STEP 3

5. 옛날과 오늘날 아이들의 놀이가 변한 까닭에 대해 구분할 줄 알아야 해요.

옛날에는 ☐ 에 김장 김치를 넣어 보관했어

교·과·서·핵·심·용·어
김장독

김치의 맛이 변하지 않게 오랫동안 보관해 주는 김치냉장고는 옛날 ☐ 의 원리를 이용한 오늘날의 생활 도구예요.

한복, 한옥, 된장과 고추장, 공기놀이 등 옛날의 생활 모습은 오늘날에도 남아 있어요. 하지만 옛날과는 조금 다르지요.

옛날에는 매일 한복을 입었지만 오늘날에는 주로 명절이나 특별한 날에만 입어요. 옛날 한옥은 부엌과 마루가 구분되어 있지만 오늘날 한옥은 부엌과 거실이 같은 공간에 있지요. 옛날과 오늘날 모두 된장, 고추장을 먹지만 옛날에는 집에서 담가 장독에 보관하여 꺼내 먹었고 오늘날에는 주로 시장이나 마트에서 사 먹어요. 이런 것을 통해 오늘날에도 옛날 생활 모습이 남아 있지만 옛 모습 그대로는 아니라는 것을 알 수 있어요.

옛것의 좋은 점을 살려 오늘날의 물건이나 생활 도구에 활용한 것도 많이 있어요. 김치냉장고는 김장독의 원리를 이용한 거예요. 김장독에 김치를 넣어 땅에 묻으면 시원한 온도와 습도를 유지해 김치가 맛있게 익고 오래 보관할 수 있어요. 전기다리미는 화롯불에 달군 인두나 숯다리미로 옷의 구김을 펴는 원리를 이용했고, 칼날을 빠르게 돌려 여러 곡식이나 과일을 가는 믹서는 맷돌의 원리를 이용한 거예요.

전기밥솥은 열과 압력을 높게 하여 아궁이의 뜨거운 열이 밥을 골고루 잘 익게 하는 가마솥의 원리를 이용했어요. 비옷은 비를 피하며 바깥 활동을 할 수 있게 짚 등을 엮어 만든 도롱이의 원리를 이용한 거예요.

tip
옛날과 오늘날의 생활 도구

맷돌 ⇨ 믹서

인두 ⇨ 다리미

STEP ❶

1. 우리 조상들이 오늘날의 다리미 대신에 사용했던 물건을 두 가지 고르시오. (   )

   ① 인두   ② 맷돌   ③ 가마솥   ④ 김장독   ⑤ 숯다리미

2. 옛날 사람들이 김장독에 김치를 보관한 까닭은 무엇인가? (   )

   ① 김치 맛이 빨리 변하기 때문에   ② 김치를 자주 먹지 않기 때문에
   ③ 김치의 맛이 변하지 않기 때문에   ④ 겨울에도 날씨가 따뜻하기 때문에
   ⑤ 김치를 따뜻하게 데워 주기 때문에

STEP ❷

3. 옛것의 원리나 좋은 점을 살려서 오늘날 우리 생활에서 이용하는 경우를 바르게 연결하시오.

   ① 인두   •   • ㉠ 믹서
   ② 맷돌   •   • ㉡ 다리미
   ③ 김장독 •   • ㉢ 전기밥솥
   ④ 가마솥 •   • ㉣ 김치냉장고

STEP ❸

4. 아래 생활 도구의 이름과 용도를 쓰시오.

   (1)    이름 : (   )
                              용도 : (   )

   (2)    이름 : (   )
                              용도 : (   )

선생님이 뽑은 문제

정·답·힌·트

STEP 1

1. 인두는 화로의 뜨거운 열기를 이용하여 옷을 다려요.

2. 김장독에 김치를 넣어 땅속에 묻으면 김치가 맛있게 익고, 김치의 맛이 변하지 않아 오래 보관할 수 있어요.

STEP 2

3. 옛날에는 사기, 유리 등의 작은 병에 기름 등을 담아서 심지를 꽂은 뒤 심지에 불을 붙여 사용했어요.

STEP 3

4. 믹서는 바닥이 평평한 두 짝의 둥근 돌 사이에 곡식을 넣고 한 짝을 돌리면서 곡식을 가는 맷돌의 원리를 이용했지요.

오늘날의 전기밥솥은 뜨거운 열이 골고루 솥을 데워서 밥이 골고루 잘 익어 밥맛이 좋아요.

☐는 저장 식품이야

교·과·서·핵·심·용·어

김치

☐는 배추나 무 등의 채소를 소금에 절인 뒤 고추, 마늘, 파, 젓갈 등을 넣고 버무린 후 발효시켜 먹는 우리 고유의 음식이에요.

우리 식탁에 빠지지 않고 올라오는 김치는 배추나 무 등 각종 채소를 소금에 절인 뒤 고추, 마늘, 파, 젓갈 등을 넣고 버무린 다음 발효시켜 먹는 우리 고유의 음식이에요. 짭짤한 맛, 매운 맛, 익으면서 만들어지는 새콤한 맛이 담겨 있지요.

김치는 오래 저장할 수 있는 저장 식품이에요. 채소를 기르기 어려운 추운 겨울 동안 섭취하기 힘든 비타민과 무기질 등을 제공해요. **저장 식품이란 채소, 과일, 생선 등을 말리거나 간을 짜게 해서 오래도록 보관하여 두고 먹는 음식**을 말해요. 또한 김치는 유산균과 같은 유익한 미생물의 발효 작용으로 만들어진 발효 식품이에요. 변비와 암 등 질병을 예방해 주고 장을 튼튼하게 해 주며 소화가 잘 되게 도와주어요.

우리나라 사람들은 김치를 오래전부터 먹어 왔어요. 삼국 시대에는 무나 오이, 가지, 파와 같은 채소를 소금에 담가 절여 먹었고, 지금의 붉은 김치는 조선 시대부터 먹기 시작했어요. 조선 시대 중엽에서야 고추가 우리나라에 들어와 양념으로 고춧가루가 쓰였기 때문이에요.

만드는 방법과 재료에 따라 다양한 종류의 김치가 있어요. 재료에 따라 배추김치, 총각김치, 백김치, 파김치, 열무김치, 나박김치 등 다양한 이름이 붙어요. 전라도의 고들빼기김치, 경상도의 부추김치, 서울·경기 지방의 보쌈김치, 강원도의 오징어김치, 충청도의 섞박지, 함경도의 동치미는 각 지역의 대표적인 김치예요. 늦가을이나 초겨울에는 겨울을 대비해서 김치를 많이 담가요. 바로 김장이에요. 북부 지방에서는 주로 싱겁고 시원한 맛의 김치를, 남부 지방에서는 주로 맵고 짠 강렬한 맛의 김치를 담가 먹었어요.

tip

김치는 삼국 시대부터 먹기 시작했으며 옛날에는 소금에 담근 채소라는 뜻으로 침채라고 불렀어요. 그 후 딤채와 짐치로 발음되었다가 오늘날의 김치가 되었지요.

• 배추김치, 깍두기, 총각김치

우리나라의 대표 저장식품으로는 무, 오이, 마늘을 간장, 된장, 고추장에 버무려 삭힌 장아찌, 쇠고기를 얇게 썰어 말린 육포, 말린 나물, 생선을 소금에 절여 저장한 자반, 생선의 살과 알 등을 소금에 절여 삭힌 젓갈 등이 있어요.

STEP ❶

1. 김치의 장점으로 알맞지 않은 것은? (   )
   ① 암을 예방해 준다.　　② 변비를 예방해 준다.
   ③ 소화가 잘되게 한다.　　④ 종류가 다양하지 않다.
   ⑤ 장을 튼튼하게 해 준다.

2. 다음 중 저장 식품이 아닌 것은 어느 것인가? (   )
   ① 육포　② 고추　③ 김치　④ 자반　⑤ 젓갈

STEP ❷

3. 다음 (   )안에 들어갈 알맞을 말을 쓰시오.

   (   ) 지방에서는 소금과 양념을 적게 넣어 싱겁고, 채소의 맛과 향을 그대로 살린 김치를 주로 담가요.

4. 김치에 들어가는 재료를 네 가지 이상 쓰시오.
   (   )

STEP ❸

5. 옛날 우리 조상들이 겨울철에 김장을 담가 먹은 까닭을 쓰시오.
   (   )

• 오늘날 김장 담그는 모습

정·답·힌·트

STEP 1

1. 잘 익은 김치에는 우리 몸에 이로운 성분이 많아 장을 튼튼하게 하고 소화를 잘 되게 하며 변비와 암 등 질병을 예방해 주어요.

2. 저장 식품이란 채소, 과일, 생선 등을 말리거나 간을 짜게 해서 오래도록 보관하여 두고 먹는 음식을 말해요.

STEP 2

3. 김치 양념의 양은 남쪽과 북쪽의 기후에 따라 달라요.

4. 김치는 배추나 무 등의 채소를 소금에 절인 뒤 고추, 마늘, 파, 젓갈 등을 넣고 버무렸어요.

STEP 3

5. 겨울철에는 채소를 구하기 어려웠다는 내용이 들어가야 해요.

☐☐은 우리나라 전통 옷이야

교·과·서·핵·심·용·어

한복

 옛날 우리 조상들은 ☐☐☐을(를) 입고 생활하였어요. 그런데 남자와 여자가 입는 옷이 달랐고, 계절에 따라 입는 옷이 달랐지요.

 설이나 추석 같은 명절 때 많이 입는 **한복은 옛날부터 전해 오는 우리의 전통 옷**이에요. 우아하고 부드러운 선이 특징이지요.

고조선 시대에 처음 만들어졌는데, 소박하고 검소한 흰옷을 즐겨 입어 우리 민족은 '백의민족'이라고 불렸어요. 삼국 시대에 들어 누에고치를 기르고 옷감을 만들면서 한복의 형태가 완성되었어요. 하지만 귀족들만 비단으로 만든 옷을 입고, 백성들은 추운 겨울에도 삼베로 만든 옷을 입고 다녔지요.

그러다가 고려 시대 문익점이 목화씨를 가지고 들어온 후 여름에는 바람이 잘 통하는 삼베와 모시로 옷을 해 입고 겨울에는 질기고 따뜻한 무명과 비단으로 옷을 해 입었어요. 특히 겨울에는 두 겹의 옷감 사이에 솜을 얇게 넣어 누빈 옷을 입었으며 풍차 등의 방한용 모자를 쓰고, 토시, 버선 등 겨울나기 물건으로 추위를 막았어요.

빨강, 파랑, 노랑, 검정, 하양의 오방색을 사용하여 다양한 색깔을 보여 주는 한복은, 직선과 곡선이 조화를 이루어 선이 매우 아름다워요. 그리고 품이 넉넉하여 편하고, 누구든지 맵시를 낼 수 있지요. 옷이 몸에 붙지 않기 때문에 바람이 잘 통하여 건강에도 좋아요. 하지만 양복에 비해 활동하기에 불편하고, 세탁하거나 보관하기 어려워요.

그래서 오늘날에는 한복의 장점을 살려 활동하기에도 편하면서도 아름다움을 느낄 수 있게 만든 생활 한복을 입는 사람들을 볼 수 있어요.

tip

조선 시대에는 왕복, 왕비복, 벼슬아치들이 입는 백관복, 양반들이 입는 선비복, 평민들이 입는 서민복 등 계급에 따라 옷의 모양과 종류가 달랐어요. 게다가 관혼상제에 입는 옷도 달랐지요.

도포 : 선비들이 평상시에 입던 겉옷
장옷 : 조선 시대에 부녀자들이 외출할 때 머리부터 내려쓴 옷
갓 : 조선 시대 성인 남자가 머리에 쓰던 관모
비녀 : 부인의 쪽머리가 풀어지지 않도록 꽂는 장식품

눔글 〈름운〉

STEP ❶

1. 한복에 담긴 조상들의 멋과 슬기로 옳지 않은 것은? (　　)

   ① 품이 넉넉하여 편하다. 　② 세탁이나 보관이 편리하다.
   ③ 직선과 곡선이 조화를 이루어 선이 아름답다.
   ④ 옷이 몸에 붙지 않고 바람이 잘 통하여 건강에 좋다.
   ⑤ 빨강, 파랑, 노랑, 검정, 하양 등 다양한 색깔을 사용했다.

2. 옛날 사람들이 매일 한복을 입고 생활했던 모습은 오늘날 어떤 모습으로 남아 있는가? (　　)

   ① 여자만 한복을 입는다.　　② 고무신을 신고 다닌다.
   ③ 비단으로 만든 한복을 입는다.　④ 전기다리미를 사용해 옷을 다린다.
   ⑤ 명절과 특별한 날에 한복을 입는다.

STEP ❷

3. 다음 (　　)안에 들어갈 알맞을 말을 쓰시오.

   한복은 빨강, 파랑, 노랑, 검정, 하양의 (　　　)을 사용하여 다양한 색깔을 보여 주지요.

STEP ❸

4. 오늘날에 생활 한복을 입는 까닭을 쓰시오.
   (　　　　　　　　　　　　　　　)

5. 다음 옛날 사람들의 옷차림을 보고 알 수 있는 것을 쓰시오.
   (　　　　　　　)

선생님이 뽑은 문제

정·답·힌·트

STEP 1

1. 한복은 활동하기에 불편하고, 세탁이나 보관하기 어렵지요.

2. 옛날에는 매일 한복을 입었지만, 오늘날에는 주로 명절 때와 같이 특별한 날에만 한복을 입어요.

STEP 3

5. 공통점, 또는 다른 점을 찾아 쓰면 되지요. 다른 점을 물었을 때에는 옛날에 남자들은 저고리, 바지, 도포를 주로 입었고, 여자들은 저고리, 치마, 장옷을 주로 입었다고 해야 해요.

깊이 알아보기

한복

• 남자가 입는 한복

남자들은 먼저 아래옷으로 속옷, 바지를 입고 허리띠를 매요. 그리고 윗옷으로는 속옷, 저고리, 조끼, 마고자를 입어요. 그러고 나서 버선을 신고 대님을 매며 나들이 때는 도포나 두루마기 등을 더 입어요.

- **속옷** : 바지 안에는 가랑이가 좁고 짧은 홑바지인 속고의를 입었으며 저고리 속에는 저고리보다 크기가 약간 작은 속적삼을 입어요.
- **저고리** : 남자 저고리는 여자 저고리의 길이보다 좀 더 길어요.
- **조끼** : 조끼 길이는 저고리보다 약간 길고 양쪽에 주머니가 있어요.
- **마고자** : 저고리와 조끼 위에 입는 마고자는 깃과 고름이 없이 단추로 앞을 여며요.
- **도포** : 소매가 아주 넓은 옷으로 뒤쪽이 트여 있고 그 위에 뒷자락이 한 겹 더 있어요.
- **두루마기** : '두루 막혀 있다.'라는 뜻의 두루마기는 도포와 달리 뒷자락 한 겹도 없고 트여 있는 곳도 없어요. 도포에 비해 소매가 좁아 활동하기에 편했지요.

• 남자 한복

• 두루마기

• 여자가 입는 한복

여자는 아래옷으로는 속옷과 바지를 여러 개 입고 그 위에 치마를 입어 아래 옷을 두껍게 입었어요. 그리고 윗옷으로는 먼저 속옷을 입고 저고리, 배자를 입었지요. 그러고 나서 버선을 신고 외출할 때에는 장옷 같이 긴 옷을 머리에 써서 얼굴을 가렸어요.

- **속옷** : 다리속곳, 속속곳, 바지속곳, 단속곳, 너른바지 등의 순으로 많은 속옷을 입었어요.
- **저고리** : 한 가지 천으로 만든 '민저고리'와 깃, 고름, 끝동, 곁마기 등을 저고리와 다른 천으로 만든 '회장저고리', 소매에 여러 색깔의 천을 이어 만든 '색동저고리' 등이 있어요.
- **배자** : 배자는 저고리 위에 입어 추위를 막는 옷으로 남자 조끼와 모양이 비슷해요.

• 여자 한복   • 장옷

• 아기들이 입는 한복

- **배냇저고리** : 갓 태어난 아기를 목욕시킨 후 처음 입히는 옷으로, 배내옷이라고도 해요. 보통 명주나 고운 무명으로 아기의 몸을 다 쌀 수 있도록 여유있게 만들었지요.
- **백일 옷** : 100일 동안 잘 자라 주었음을 축하하는 날에 입히는 옷이에요. 아들, 딸을 구분하지 않고 주로 흰색의 풍차바지, 저고리를 입혔지요. 그리고 백줄을 누빈 누비저고리나 백 조각을 이어서 만든 옷을 입혀 무병장수를 기원했어요.
- **돌옷** : 태어난 지 1년이 되는 첫 생일날 입는 옷이에요. 남자 아이는 풍차바지, 저고리, 조끼, 마고자, 두루마기를 입히고 머리에는 복건 또는 호건을 씌웠지요. 여자 아이는 치마, 색동저고리, 당의나 색동두루마기를 입히고 오색술을 단 조바위를 씌웠어요.

___는 오늘날의 난방 장치야

교·과·서·핵·심·용·어

보일러

오늘날 방바닥이 따뜻한 까닭은 _____에서 데워진 따뜻한 물이 방바닥에 설치된 관을 따라 돌며 방바닥 전체를 따뜻하게 데워 주기 때문이에요.

우리나라 전통 가옥인 한옥은 아름다울 뿐만 아니라 살기에도 좋아요. 나무, 짚, 흙, 한지 등 친환경 재료를 사용해서 지었기 때문에 건강에도 좋고, 문에 한지를 발랐기 때문에 환기가 잘 되고 습기가 자연스럽게 조절되지요. 벽이나 방바닥은 황토에 짚을 섞어 발라 겨울에 따뜻하고 여름에 시원해요.

한옥은 온돌이라는 우리나라 고유의 난방 장치로 방바닥을 데웠어요. 부엌에서 아궁이에 지핀 불을 이용하여 음식을 만들어 먹었을 뿐만 아니라 그 불기운이 방 밑에 깐 구들을 데우며 방바닥 밑을 지나고 불기운과 연기가 굴뚝으로 빠져나가는 데 그것이 바로 온돌의 원리예요. 온돌은 돌로 만들어졌기 때문에 천천히 데워지고 천천히 식어요. 그래서 아궁이의 불이 꺼져도 방바닥이 오랫동안 따뜻하게 유지되지요.

이러한 온돌은 어떤 구조로 이루어져 있을까요? 방의 구들장 밑에는 고래라는 길이 나 있어요. 불길과 연기가 지나가는 길이에요. 부넘기는 고래가 시작되는 곳에 높이를 높게 쌓아 불길이 아궁이로부터 고래로 골고루 넘어가게 만든 언덕이고, 개자리는 열기가 빠져나가지 못하게 하는 장치예요. 구들장은 고래 위에 깔아 방바닥을 만드는 얇고 넓은 돌이지요.

tip

오늘날에는 온돌의 원리를 활용한 보일러로 난방을 해요. 보일러에서 데워진 따뜻한 물이 방바닥에 설치된 관을 따라 돌며 방바닥 전체를 따뜻하게 데워 주는 것이지요. 그밖에도 온돌 매트, 온돌 침대 등이 이용되고 있어요.

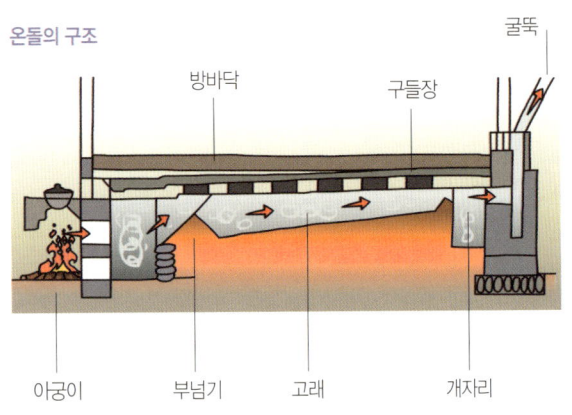

온돌의 구조

STEP ❶

1. 온돌에 대한 설명으로 알맞은 것을 모두 고르시오. (　　)

   ① 온돌의 구들은 돌로 만든다.
   ② 온돌은 천천히 데워지고 빨리 식는다.
   ③ 온돌의 구조상 방 안에 연기가 들어온다.
   ④ 온돌 덕분에 여름을 시원하게 낼 수 있었다.
   ⑤ 보일러는 온돌의 방식을 활용하여 만든 것이다.

2. 한옥의 우수성에 대한 설명으로 옳지 않은 것은? (　　)

   ① 자연적으로 습기가 조절된다.　② 벽에 황토에 짚을 섞어 발랐다.
   ③ 문에 한지를 발라 통풍이 잘 된다.
   ④ 자연에서 구한 친환경 재료를 사용하여 지었다.
   ⑤ 보일러에서 데워진 따뜻한 물이 방바닥 전체를 따뜻하게 데웠다.

STEP ❷

3. 다음 (　　)안에 공통으로 들어갈 알맞은 말을 쓰시오.

   (　　)은 자연에서 얻을 수 있는 나무와 짚, 흙, 한지를 재료로 사용하여 지었어요. 이처럼 (　　)은 친환경 재료를 사용하여 지었기 때문에 건강에 이롭지요.

4. 아래 온돌 그림에서 ㉮와 ㉯중 어느 곳이 더 따뜻한지 기호와 그 곳의 이름을 쓰시오. (　　)

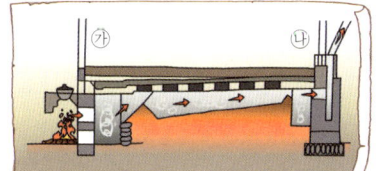

STEP ❸

5. 온돌의 장점을 쓰시오.
   (　　　　　　　　　　　　　　　　　　　　)

6. 온돌의 원리를 쓰시오.
   (　　　　　　　　　　　　　　　　　　　　　　)

선생님이 뽑은 문제

정·답·힌·트

STEP 1

2. 보일러는 온돌을 활용한 오늘날의 난방 장치예요.

STEP 2

3. 겨울에 따뜻하고 여름에 시원한 주거 형태이지요.

4. 아랫목은 온돌방에서 아궁이가 가까운 쪽의 방바닥이고 윗목은 온돌방에서 아궁이로부터 먼 쪽의 방바닥이에요.

STEP 3

5. 6. 온돌의 장점과 원리를 묻는 질문에 각각 대답할 수 있어야 해요.

옛날과 오늘날의 다양한 삶의 모습에 대해 알아보기

문화의 뜻 | 문화에 따른 생각과 행동 | 비슷한 문화, 다른 문화 | 자연환경에 따른 문화 | 종교와 사회 변화에 따른 문화 | 옛날과 오늘날의 결혼식 | 옛날과 오늘날의 출생에 관한 생활 모습 | 옛날과 오늘날의 장례와 제례 | 문화적 편견과 차별

6장

다양한 삶의 모습들

'문화'란 우리가 살아가는 생활 모습이에요.
그런데 문화는 시대나 나라, 지역에 따라 서로 비슷한 점도 있고 다른 점도 있어요.
그렇다면 세계 여러 나라 사람들이 살아가는 모습은 어떻게 다를까요?
사람들이 살아가는 모습은 자연 환경과 시간의 흐름에 따라 어떻게 달라졌을까요?
종교와 사회 변화에 따라 문화는 어떻게 다를까요?
옛날과 오늘날의 결혼, 출생, 장례와 제례의 모습은 어떻게 변했을까요?
문화적 편견으로 생기는 차별의 문제를 해결하기 위해
어떤 태도를 지녀야 할까요?

☐ 에 따라 사람들의 행동이 달라져

교·과·서·핵·심·용·어

문화

💡 ☐ 란 사람들이 함께 생활하면서 만들어지고 전해지는 생활 방식이에요. 세계 여러 나라의 ☐ 는 비슷한 점도 있고 다른 점도 있지요.

문화란 사람들이 함께 생활하면서 만들어지고 전해지는 생활 방식으로 입는 옷, 먹는 음식, 공부하는 모습 등 **우리가 살아가는 생활 모습**이에요. 나라나 지역에 따라 오랜 시간을 함께 생활하며 서로 배우거나 전해져 내려온 것이기 때문에 시대, 나라, 지역에 따라 서로 비슷한 점도, 다른 점도 있어요.

우리나라의 옛날과 오늘날의 교실 모습을 비교하면 가르치는 사람과 배우는 사람이 있고 책과 필기도구가 있다는 것은 비슷해요. 하지만 옛날에는 바닥에 앉아 공부하고 남자들만 공부를 할 수 있었던 반면, 오늘날에는 책상과 의자에서 공부하고 여자도 공부하지요. 그리고 옛날에는 먹과 벼루, 붓, 종이를 썼지만 오늘날은 연필과 지우개, 공책을 써요.

나라나 문화마다 옷차림은 어떻게 다를까요? 옷차림에는 생활 모습이나 사회적 분위기가 담겨 있어요. 우리나라 여자들은 바지, 티셔츠, 치마 등의 활동하기 편한 옷을 입어요. 그러나 이슬람교를 믿는 여성들은 히잡을 써야 해요. 히잡은 머리와 몸의 윗부분을 가리는 머릿수건이에요. 이슬람교에서는 여성들이 몸을 드러내면 안 되는 문화가 있기 때문이지요.

이동 수단도 나라마다 조금씩 차이가 있어요. 우리나라는 주로 자동차나 기차 등을 이용하지만 베트남에서는 도로가 좁고 대중교통이 부족하기 때문에 오토바이를 많이 타요. 그리고 인도네시아는 베카, 필리핀은 지프니, 이탈리아 베니스는 곤돌라, 타이는 툭툭이라는 이동 수단을 이용하지요.

tip

히잡
이슬람교 여성들은 히잡이라는 머릿수건을 써요.

툭툭
타이의 이동 수단인 툭툭은 바퀴가 3개 달린 삼륜차예요. 시동을 걸면 툭툭 소리가 나서 툭툭이에요.

선생님이 뽑은 문제

STEP ❶

1. 옛날과 오늘의 교실 모습이 다른 까닭은 무엇인가? (　　)

   ① 민족이 달라서　② 나라가 달라서　③ 지역이 달라져서
   ④ 시간이 많이 흘러서　⑤ 쓰는 언어가 바뀌어서

2. 문화에 대한 설명으로 알맞은 것은 어느 것인가? (　　)

   ① 어떤 나라든 문화는 대부분 똑같다.
   ② 문화에 따라 사람들의 행동이 달라진다.
   ③ 여러 나라의 문화에는 비슷한 점이 없다.
   ④ 생활 모습으로는 다른 나라의 문화를 알기 어렵다.
   ⑤ 짧은 시간을 함께 생활하면서 전해져 내려온 것이다.

STEP ❷

3. 각 나라에서 즐겨 이용하는 이동 수단을 바르게 연결하시오.

   ① 타이　　　　•　　　　• ㉠ 베칵
   ② 베트남　　　•　　　　• ㉡ 툭툭
   ③ 인도네시아　•　　　　• ㉢ 오토바이

4. 다음 중 사람들의 생활 모습에 대한 옳은 설명에 O표 하시오.

   (1) 사람들의 생활 모습은 나라나 지역에 따라 다양하다.(　　)
   (2) 사람들의 생활 모습은 시간의 영향을 받지 않아 변하지 않는다.(　　)
   (3) 사람들의 생활 모습은 나라에 따라 비슷한 점도 있고 다른 점도 있다.(　　)

STEP ❸

5. 이슬람 여성들이 히잡을 쓴 까닭을 쓰시오.

   (　　　　　　　　　　　　　　　　　　　　　　　　　)

6. 우리나라의 동화 '콩쥐 팥쥐'와 외국의 동화 '신데렐라'는 서로 비슷한 내용이지만 등장인물이나 옷차림 등이 다른 까닭은 무엇인지 쓰시오.

   (　　　　　　　　　　　　　　　　　　　　　　　　　)

정·답·힌·트

STEP 1

1. 문화는 시대나, 나라, 지역에 따라 서로 비슷한 점도 있고 다른 점도 있어요.

STEP 2

4. 사람들의 생활 모습은 시간이 흐름에 따라 변하기도 하지요.

STEP 3

5. 히잡은 이슬람 여성들이 머리와 상반신을 가리기 위해 쓰는 두건이에요.

6. 나라나 지역에 따라 사람들이 함께 생활하면서 만들어지고 전해지는 생활 방식이 다르기 때문이에요.

▢은 음력 8월 15일이야

교·과·서·핵·심·용·어

추석

▢에는 조상에게 한 해 농사에 대한 고마움을 전하며 온 가족이 모여 송편을 먹고 성묘를 하지요.

우리나라 4대 명절의 하나인 추석은 음력 8월 15일이에요. 한 해 농사를 끝내고 여러 가지 곡식을 수확하는 시기로 명절 중에서 가장 풍성한 때예요.

추석에는 한 해 농사에 대한 고마움을 조상에게 전하고 송편과 전 등을 나누어 먹어요. 그리고 조상들께 햇곡식과 햇과일로 차례를 지내고 성묘를 하며 강강술래 등의 놀이를 하지요. 다른 나라에도 추석과 같은 명절이 있는데, 미국의 추수 감사절, 중국과 베트남의 중추절, 러시아의 성 드미트리 토요일, 일본의 오봉절 같은 날이에요. 모두 한 해 농사로 풍부한 곡식과 열매를 거두게 해 주어 감사하다는 의미가 담겨 있어요. 미국의 추수 감사절은 11월 마지막 주 목요일인데, 온 가족이 모여 칠면조 요리, 호박 파이 등을 나누어 먹고 거리 축제를 해요. 베트남의 중추절은 우리나라와 같은 음력 8월 15일이에요. 중추절에는 월병을 먹고 제사를 지내며 소원을 빌어요. 그리고 물고기, 별, 나비 모양의 종이 등을 들고 거리를 행진하고, 사자춤 등 다양한 민속춤을 추지요.

동양과 서양의 용에 대한 생각도 비슷한 점과 다른 점이 있어요. 동양과 서양 모두 용이 하늘을 날 수 있고, 대단한 능력을 지녔지만 실제로는 존재하지 않는다고 생각해요. 하지만 동양 사람들이 생각하는 용은 입에 여의주를 물고 날개가 없으며, 뱀처럼 긴 몸을 가진 동물이에요. 임금님을 뜻하는 신비하고 신성한 동물로 여기지요. 그러나 서양 사람들은 용이 날개가 달린 공룡처럼 생겼고 입으로 불을 내뿜으며 인간을 괴롭히는 나쁜 동물로 여겨요.

이처럼 나라나 문화가 달라지면 사람들의 생각과 행동이 달라져요. 그리고 비슷한 생각을 해도 문화에 따라 그것을 표현하는 방식이 달라지지요.

tip
추석은 '크다'는 뜻의 '한'과 '가운데'라는 뜻의 '가위'를 합하여 '한가위'라고 부르기도 하며 '중추절' 또는 '중추가절'이라고도 해요.

• 미국의 추수 감사절에는 칠면조 요리를 먹어요.

STEP ❶

1. 베트남의 중추절에 대한 설명으로 알맞지 않은 것은 어느 것인가? ( )

   ① 성묘를 한다.　　　② 온 가족이 함께 지낸다
   ③ 사람들이 축제를 즐긴다.　④ 사자춤을 비롯하여 다양한 민속춤을 춘다.
   ⑤ 아이들이 여러 모양의 종이 등을 들고 거리를 행진한다.

2. 우리나라의 추석과 미국의 추수 감사절의 공통점은 무엇인가? ( )

   ① 성묘를 한다.　　　② 거리 축제를 한다.
   ③ 강강술래를 한다.　④ 칠면조 고기를 먹는다.
   ⑤ 온 가족이 모여 식사를 한다.

STEP ❷

3. 다음 ( )안에 들어갈 알맞은 말을 쓰시오.

   송편, 강강술래와 관련 있는 우리나라의 명절은 ( )이에요.

4. 우리나라 추석과 비슷한 각 나라의 명절을 바르게 연결하시오.

   ① 일본　　•　　　　　　　　• ㉠ 중추절
   ② 미국　　•　　　　　　　　• ㉡ 오봉절
   ③ 베트남　•　　　　　　　　• ㉢ 추수 감사절
   ④ 러시아　•　　　　　　　　• ㉣ 성 드미트리 토요일

STEP ❸

5. 동양과 서양 사람들은 용에 대한 생각이 왜 다른지 쓰시오.

   ( )

선생님이 뽑은 문제

정·답·힌·트

STEP 1

2. 추석에는 온 가족이 모여 맛있는 음식을 먹고 성묘를 하고, 추수 감사절에는 온 가족이 모여 식사를 하고, 축제를 즐기지요.

STEP 2

3. 추석은 음력 8월 15일에 있는 명절이에요.

4. 모두 한 해 농사로 풍부한 곡식과 열매를 거두게 해 주어 감사하다는 의미가 담겨 있어요.

STEP 3

5. 동양에서는 용을 입에 여의주를 물고 날개가 없으며, 뱀처럼 긴 몸을 가진 동물이고 임금님을 뜻하는 신비하고 신성한 동물로 여겼어요.

수저는 숟가락과 ☐ 을 합친 말이야

교·과·서·핵·심·용·어
젓가락

 우리나라는 국과 여러 반찬을 함께 먹기 때문에 국을 먹기 편리한 숟가락과 반찬을 집기 편리한 ☐ 을 같이 사용해요.

 음식을 먹는 방법이나 사용하는 도구를 통해서도 각 나라만의 생활 모습을 알 수 있어요. 우리나라는 국을 떠먹기 편리한 숟가락과 반찬을 집기 편리한 젓가락을 함께 써요. 중국과 일본도 젓가락을 쓰는데 우리와 다른 점이 있어요.

우리나라는 물기 있는 반찬이 많기 때문에 나무젓가락보다는 주로 쇠붙이로 만든 젓가락을 써요. 그런데 중국에서는 기름진 음식을 집기 위해 나무젓가락을 사용해요. 그리고 음식을 식탁 한가운데 놓고 덜어 먹기 때문에 젓가락이 길어요. 밥을 먹을 때에도 젓가락을 쓰지요. 그리고 섬나라 일본에서는 생선을 많이 먹기 때문에 가시를 발라내기 편하도록 길이가 짧고 끝이 뾰족한 젓가락을 사용해요. 그리고 중국처럼 밥을 먹을 때 젓가락으로 먹고요.

운동 경기 중에는 우리나라의 씨름과 몽골의 부흐 그리고 일본의 스모가 비슷해요. 그러나 씨름은 윗옷을 벗고 모래판에서 샅바를 맨 두 사람이 힘과 기술을 이용하여 상대방을 넘어뜨려서 승부를 내는 것에 비해, 몽골의 부흐는 초원 위에서 경기가 이루어지기 때문에 조끼와 반바지를 입고 전통 신발을 신고 경기를 해요. 그리고 상대방을 넘어뜨려 팔꿈치와 무릎 사이의 어떤 부위라도 땅에 먼저 닿게 하면 승리하지요. 일본의 스모는 모래판에서 윗옷을 벗고 하지만 샅바를 잡지 않아요. 상대방을 모래판 밖으로 밀어내거나 넘어뜨려서 승부를 내지요.

이처럼 씨름, 부흐, 스모에서 비슷한 점이 나타나는 까닭은 가까이 있는 세 나라 사이에 문화가 전해지며 서로 영향을 받았기 때문이에요. 하지만 그 나라에 맞게 조금씩 변했기 때문에 서로 조금씩 다른 거예요.

tip

새로운 문화가 들어온다고 해서 모든 것이 다 전해지는 것은 아니에요. 하지만 오늘날에는 기술의 발달로 먼 지역까지 문화가 빠르게 전해지고 있지요.

• 일본의 스모는 우리나라의 씨름과 비슷하면서도 달라요.

선생님이 뽑은 문제

STEP ❶

1. 우리나라의 씨름과 몽골의 부흐, 일본의 스모가 비슷한 까닭은? (   )

   ① 세 나라가 같은 민족이기 때문이다.
   ② 우리나라에서 알린 운동 경기이기 때문이다.
   ③ 사람들이 하기 힘든 운동 경기이기 때문이다.
   ④ 가까이 있어서 서로 문화가 전해졌기 때문이다.
   ⑤ 세계 모든 나라에 있는 운동 경기이기 때문이다.

2. 우리나라, 중국, 일본 세 나라가 음식을 먹을 때 비슷한 점은? (   )

   ① 손으로 음식을 집어 먹는다.   ② 밥그릇을 들고 음식을 먹는다.
   ③ 젓가락을 사용하여 음식을 먹는다.   ④ 숟가락을 사용하여 음식을 먹는다.
   ⑤ 포크와 나이프를 사용하여 음식을 먹는다.

STEP ❷

3. 우리나라, 중국, 일본의 젓가락 모양과 그렇게 된 까닭을 바르게 연결하시오.

   (1) 우리나라 •   • ㉠ 긴 젓가락   • ① 숟가락과 함께 사용
   (2) 일본   •   • ㉡ 쇠젓가락   • ② 생선가시를 편리하게 발라내기 위하여
   (3) 중국   •   • ㉢ 짧고 뾰족한 젓가락   • ③ 큰 식탁에서 음식을 한가운데 놓고 덜어 먹기 때문에

STEP ❸

4. 우리나라, 중국, 일본 세 나라에서 젓가락을 사용하는 비슷한 문화가 나타나는 까닭은 무엇인지 쓰시오.
   (   )

5. 우리나라의 씨름과 몽골의 부흐, 일본의 스모가 비슷하지만 다른 점이 있는 이유는 무엇인지 쓰시오.
   (   )

정·답·힌·트

STEP 1

1. 우리나라와 일본, 중국은 서로 가까이 위치해 있지요.

2. 각 나라마다 젓가락의 모양은 조금씩 달라요.

STEP 2

3. 그 지역이나 나라에 맞게 조금씩 변했지요.

STEP 3

5. 비슷한 문화가 나타나는 까닭과 비슷하지만 다른 까닭에 대해 잘 알아 두세요.

설날에 [ ] 을 먹어야 한 살 더 먹는 거야

교·과·서·핵·심·용·어
떡국

 벼농사를 많이 지었던 지역에서는 설날에 [ ] 을 끓여 먹었어요. 그러나 밀농사를 많이 지었던 지역에서는 설날에 만둣국을 끓여 먹었지요.

설날 하면 떠오르는 음식은 바로 떡국이에요. 그런데 옛날에는 떡국 대신 만둣국을 먹는 곳도 있었어요. 벼농사를 많이 짓는 지역에서는 쌀을 구하기 쉽기 때문에 쌀로 만든 떡을 넣어 떡국을 끓여 먹었지만, 밀농사를 많이 짓는 지역에서는 밀가루를 반죽해서 만든 만두를 넣어 만둣국을 끓여 먹은 거예요. 지역마다 자연환경이 달라서 농사짓는 작물도 달랐기 때문이에요.

우리 조상들은 주위에서 쉽게 구할 수 있는 재료로 집을 지었어요. 들이 넓게 펼쳐진 지역에서는 벼, 밀, 보리 등을 추수한 후 남은 짚을 엮어 지붕을 덮은 초가집을 지었어요. 산이 많은 지역에서는 나뭇조각이나 나무껍질로 이어서 만든 너와집을 지었지요.

땅의 모양도 생활 모습에 영향을 주어요. 바다에 나가 고기나 조개를 잡으며 생활하는 바닷가 사람들은 날씨가 좋은 것과 고기를 많이 잡는 것이 무척 중요했어요. 그래서 어부들의 안전과 고기가 많이 잡히기를 바라며 바다의 신인 용왕에게 풍어제 등의 제사를 지내요. 그리고 산에 사는 사람들은 산의 주인인 산신령에게 마을의 안녕과 풍요를 비는 제사를 지냈지요.

세계 여러 지역의 다양한 기후도 생활 모습에 영향을 많이 끼쳐요. 눈이 많이 오고 추운 지역에서는 두꺼운 털옷을 입고, 햇빛이 강하고 더운 지역에서는 온몸을 감싸는 얇은 천으로 된 옷을 입으며, 비가 많이 오고 더운 지역에서는 몸을 적게 가리는 옷을 입어요.

이처럼 지역에 따라 자연환경이 서로 다르기 때문에 사람들의 생활 모습도 다르답니다.

tip

게르 : 이동을 많이 하는 몽골 사람들은 게르라는 이동식 집을 지어요. 원통형 벽과 둥근 지붕으로 되어 있고, 벽과 지붕은 버들가지를 비스듬히 격자로 짜고 그 위에 펠트를 덮어 씌워 지은 집이에요.

논술 〈몽골〉

선생님이 뽑은 문제

STEP ①

1. 설날에 먹었던 음식에 대한 설명으로 알맞은 것을 모두 고르시오. ( )
   ① 설날에 먹는 음식은 지역에 상관없이 같았다.
   ② 우리나라 어느 지역에서든 만둣국을 즐겨 먹었다.
   ③ 농사짓는 작물에 따라 떡국을 먹지 않는 곳도 있었다.
   ④ 벼농사를 많이 지었던 지역에서는 떡국을 즐겨 먹었다.
   ⑤ 벼농사를 많이 지었던 지역에서는 만둣국을 즐겨 먹었다.

2. 사막이 펼쳐져 있고 낙타를 쉽게 볼 수 있는 지역, 날씨가 건조하고 더우며, 햇빛이 강한 지역에서 입는 옷차림은 어느 것인가? ( )
   ① 수영복을 입는다.   ② 몸을 적게 가리는 옷을 입는다.
   ③ 두꺼운 털옷을 여러 겹 입는다.
   ④ 온몸을 감싸는 얇은 천으로 된 옷을 입는다.
   ⑤ 동물 가죽으로 긴팔 옷과 긴 바지를 입는다.

STEP ②

3. 다음 ( )안에 공통으로 들어갈 알맞은 말을 쓰시오.
   초가집은 ( )을 짚으로 엮어서 만들었고, 너와집은 ( )을 나뭇조각으로 이어서 만들었어요.

4. 다음 ( )안에 들어갈 알맞은 말을 쓰시오.
   사람들의 생활 모습이 지역에 따라 다르게 나타나는 까닭은 지역에 따라 ( )이 다르기 때문이지요.

STEP ③

5. 바다가 가까운 곳이나 섬 지역 사람들이 풍어제를 지내는 까닭을 쓰시오.
   ( )

6. 산으로 둘러싸인 지역이나 높은 산이 많이 있는 지역에서 나무로 너와집 지붕을 만든 까닭을 쓰시오.
   ( )

정·답·힌·트

STEP 1
2. 햇볕으로부터 몸을 보호해야 해요.

STEP 2
3. 초가집은 들이 펼쳐진 지역에서, 너와집은 산으로 둘러싸여 있거나 높은 산이 많은 지역에서 많이 볼 수 있지요.
4. 자연환경에 따라 문화가 달라요.

STEP 3
6. 산으로 둘러싸여 있는 지역은 숲이 울창하지요.

불상, 탑, 절은 ▢▢▢ 와 관련된 문화재야

교·과·서·핵·심·용·어
불교

 ▢▢▢▢ 를 믿는 사람들은 석가모니의 탄생을 축하하려고 법회를 열고 연등 행렬을 해요.

 문화가 만들어지는 데 종교는 많은 영향을 끼쳤어요. 그래서 종교에 따라 생활 모습이 달라져요. 우리나라에는 고구려 시대 때 불교가 전래되었어요. 그래서 석굴암, 불국사 등 불교와 관련된 문화재가 많아요. 석가탄신일에는 석가모니의 탄생을 축하하는 법회를 열고 연등 행렬을 해요.

기독교에서는 성탄절에 예수의 탄생을 축하하기 위하여 예배나 미사를 드리고 크리스마스트리를 만들어요. 이슬람교에서는 이슬람 성전인 메카를 향해 매일 다섯 번 예배를 드려요. 돼지고기를 먹지 않고, 라마단 기간에는 해가 뜰 때부터 질 때까지 금식을 하면서 경건하게 생활해요.

힌두교는 소를 매우 신성하고 귀한 존재로 여겨요. 그래서 소가 거리를 자유롭게 돌아다니고, 쇠고기도 먹지 않아요. 오랫동안 동양 사상을 지배한 유교는 예절을 중요하게 여겨 부모님께 효도하고 돌아가신 조상의 제사를 지냈어요. 전래 동화 중에 효에 대한 이야기가 많은 까닭은 유교의 영향 때문이에요.

사회 변화에 따라서도 문화가 달라져요. 옛날에는 한 교실에 60~70명의 학생이 함께 수업을 받기도 했고, 집에서 싸 온 도시락으로 점심을 먹었어요. 그러나 오늘날은 한 교실에서 수업 받는 학생 수가 많이 줄어들었고 학교 급식실에서 조리한 급식을 먹어요. 이렇게 달라진 까닭은 사람들이 아이를 적게 낳고, 나라 경제가 발전해서 학교에서 급식을 할 수 있게 되었기 때문이에요.

이처럼 종교와 사회 변화는 새로운 문화가 만들어지는 데 많은 영향을 주었어요.

tip
사찰 체험(템플 스테이)
절에 머무르며 불교의 가르침대로 생활하는 것으로, 최근 인기를 얻고 있어요.

정답 〈불교〉

선생님이 뽑은 문제

STEP ❶

1. 오늘날까지 남아 있는, 유교 문화의 영향을 받은 생활 모습을 모두 고르시오. (   )

   ① 부모님께 효도한다.　　　② 절에 가서 기도를 한다.
   ③ 돌아가신 조상의 제사를 지낸다.　④ 매일 아침 저녁으로 기도를 한다.
   ⑤ 성탄절에 공자님의 탄생을 축하한다.

2. 옛날 학교와 달리 오늘날 학교에서 급식을 하게 된 까닭으로 알맞은 것을 모두 고르시오. (   )

   ① 맞벌이 부부가 늘어났기 때문이다.　② 학생 수가 크게 늘어났기 때문이다.
   ③ 도시락 싸는 일이 쉬워졌기 때문이다.
   ④ 점심을 먹지 않는 학생들이 줄어들었기 때문이다.
   ⑤ 나라 경제가 발전해서 학교에서 급식을 할 수 있게 되었기 때문이다.

STEP ❷

3. 다음 (   )안에 알맞은 말을 쓰시오.

   힌두교는 (   )를 귀한 존재로 여겨 (   )를 먹지 않고, 이슬람교는 (   )를 먹지 않아요.

4. 다음 종교와 각 종교의 설명에 알맞은 것을 바르게 연결하시오.

   ① 불교　　•　　　• ㉠ 성탄절에 미사를 드리고 크리스마스트리를 만든다.

   ② 힌두교　•　　　• ㉡ 석가모니의 탄생을 축하하려고 연등 행렬을 한다.

   ③ 기독교　•　　　• ㉢ 소를 조상이 환생한 동물로 생각하여 매우 신성하고 귀한 존재로 여긴다.

STEP ❸

5. 우리나라 전래 동화에 효자 이야기가 많은 까닭이 무엇인지 쓰시오.
   (   )

정·답·힌·트

STEP 1

1. 옛날 우리 조상들은 유교의 가르침에 따라 예절을 중요하게 여겨 부모님께 효도하고 돌아가신 조상의 제사를 지냈습니다.

2. 맞벌이 부부가 늘어 학생들의 도시락을 싸는 일이 힘들어졌지요.

STEP 2

3. 힌두교에서는 소가 거리를 자유롭게 돌아다니도록 하며, 복잡한 도로에서도 소를 우선하지요.

4. 종교는 사람들의 생활 모습에 영향을 줍니다.

STEP 3

5. 부모님께 효도하는 것이 유교의 가르침에 있지요.

폐백 이란 결혼식 끝나고 신부가 시부모님께 인사드리는 거야

교·과·서·핵·심·용·어
폐백

옛날에는 신부 집에서 혼례를 마친 후 신랑 집에 와서 어른들께 ▢▢ 을 드렸지만, 오늘날에는 결혼식장에 있는 ▢▢ 실에서 신랑과 신부의 부모님 모두에게 ▢▢ 을 드리는 가정이 많아졌어요.

혼례란 남녀가 부부의 인연을 맺는 의식으로 결혼식과 같은 말이에요.

옛날에는 신부 집에서 결혼식을 했어요. 신부 집에 도착한 신랑이 나무 기러기를 신부 측에 건네주면서 혼례가 시작되었지요. 그리고 신랑과 신부가 표주박을 쪼개 만든 잔에 술을 부어서 함께 나누어 마셨어요. 이는 술잔과 같이 부부도 세상에 짝이 하나밖에 없다는 것을 의미해요.

결혼식이 끝나면 신부 집에서 며칠 머문 후 신랑 집으로 가서 생활했어요. 신랑 집에 오면 어른들께 폐백을 드렸어요. **폐백이란 결혼식을 하고 신부가 시부모님을 비롯한 여러 시댁 어른들에게 첫인사를 올리는 것**을 말해요. 결혼식 때 신랑은 사모관대, 신부는 활옷을 입는데, 옛날 벼슬아치의 관복인 사모관대와 공주가 국가의 중요한 의식 때 입는 활옷은 결혼식을 할 때만 서민들의 사용이 허락되었어요. 결혼식 날만큼은 신랑 신부가 신분이 귀하며 중요한 존재라는 뜻이 담겨 있어요.

오늘날에는 신랑은 턱시도, 신부는 웨딩드레스를 입으며 주로 결혼식장에서 결혼을 해요. 서로 결혼반지를 주고받고 결혼식장에 있는 폐백실에서 신랑 신부의 부모님에게 폐백을 드리고 결혼식이 끝나면 신혼여행을 떠나지요.

이처럼 결혼식 모습은 많이 달라졌지만 남자와 여자가 정식으로 부부가 되어 새로운 가정을 이루는 중요한 의식이라는 것과, 두 사람이 부부가 된 것을 많은 사람에게 알리고 부부가 오랫동안 행복하기를 바라는 마음은 같아요.

• 폐백실에서 신랑 신부가 사모관대와 활옷을 입고 폐백을 드려요.

tip
성년식
어른이 된 것을 축하하고, 어른으로서의 마음가짐과 해야 할 일을 일깨워 주는 의식이에요. 옛날에는 남자는 상투를 틀고 갓을 썼으며, 여자는 머리를 올려 쪽을 지고 비녀를 꽂았어요. 오늘날에는 매년 5월 셋째 주 월요일을 '성년의 날'로 정해 놓고 만 20세가 되는 사람들이 성년이 된 것을 축하해 주어요.

선생님이 뽑은 문제

STEP ❶

1. 옛날과 오늘날의 결혼식 모습에서 변하지 않은 것을 모두 고르시오.
( )

　① 신랑 신부가 입는 옷　② 결혼식을 하는 장소와 방법
　③ 신랑 신부가 오랫동안 행복하기를 바라는 마음
　④ 신부의 집에서 며칠을 머문 후 신랑 집으로 가는 점
　⑤ 두 사람이 부부가 된 것을 많은 사람에게 알리는 점

2. 오늘날 결혼식에 대한 설명으로 알맞은 것을 모두 고르시오. ( )

　① 오늘날에는 결혼식장에서 혼례를 올린다.
　② 혼례를 마친 후 신랑 집에서 폐백을 한다.
　③ 신부는 활옷을, 신랑은 사모관대를 입는다.
　④ 신랑과 신부는 결혼식이 끝난 후 신혼여행을 간다.
　⑤ 신랑이 신부 측에 나무 기러기를 건네주면서 결혼식을 시작한다.

STEP ❷

3. 다음 ( )안에 들어갈 알맞은 말에 ○표 하시오.
　1) 옛날에는 (신랑, 신부) 집에서 혼례를 치렀습니다. 신부 집에 도착한 신랑이 나무로 만든 (기러기, 잉꼬)를 신부 측에 건네주면서 혼례가 시작되었어요. 그리고 신랑과 신부가 표주박을 쪼개 만든 잔에 (물, 술)을 부어서 함께 나누어 마셨지요.
　2) 옛날에는 성년식에서 남자는 상투를 틀고 (갓, 패랭이)을(를) 썼으며, 여자는 머리를 올려 쪽을 지고 (비녀, 머리핀)을(를) 꽂았지요.

STEP ❸

4. 옛날에 결혼식을 할 때 신랑 신부가 입은 화려한 예복의 이름을 쓰고 그 옷을 입는 까닭을 쓰시오.
　( )

정·답·힌·트

STEP 1

1. 신랑 신부가 오랫동안 행복하기를 바라는 마음, 신랑 신부가 서로를 지켜 줄 것이라는 약속 등은 변하지 않았어요.

2. 옛날에는 신부 집에서 결혼식을 하고 신부는 활옷을, 신랑은 사모관대를 착용했어요.

STEP 2

3. 1) 결혼식은 두 사람이 부부가 되어 새로운 가정을 이루는 중요한 의식이에요.

2) 옛날에는 나이가 많아도 성년식을 치르지 않으면 어른 대접을 받지 못했어요.

STEP 3

4. 예복의 이름과 입은 까닭을 정확하게 써야 해요.

때 돌잡이를 해

교·과·서·핵·심·용·어

돌잔치

 아기가 태어나서 1년이 지나 처음 맞는 생일에 하는 잔치를 ☐ 라고 해요.

 옛날에는 아기가 태어나면 아기에게 배냇저고리를 입혔어요. 이 세상의 사람이 되었다는 의미가 담겨 있어요. 그리고 집 밖에 금줄을 쳐서 아기가 태어난 지 삼칠일(21일)이 되기 전에는 사람들이 집에 함부로 들어오지 못하게 했어요. 금줄은 신성한 곳임을 표시하고 부정한 사람의 접근을 막으며 잡귀의 침범을 방어하기 위한 것이에요. 갓 태어난 아기는 병에 걸리기 쉽기 때문에 나쁜 병균 같은 것들이 옮겨지지 못하게 하는 거예요. 오늘날에도 태어난 지 얼마 되지 않은 아기를 함부로 만지지 않고, 친구들과 친척들이 아기에게 필요한 선물을 주며 축하해 주어요.

아기가 자라 100일이 되면 100일 동안 건강하게 자란 아기를 축하하는 백일잔치를 열었어요. 백일상에는 백설기, 수수팥떡, 인절미, 송편 등과 같은 떡과 과일, 흰 실타래, 쌀 등을 올려놓았어요. 하지만 오늘날의 백일상에는 떡과 과일, 흰 실타래, 쌀 이외에 다양한 음식과 물건들을 올려놓기도 해요.

태어난 지 1년이 되면 돌잔치를 열었어요. 돌잔치 때는 돌잡이를 하는데, 붓, 책, 실타래, 돈, 활과 같은 물건들을 돌상에 놓고 아기가 집게 하는 거예요. 아기가 잡는 물건과 관련된 일을 커서 한다고 생각했지요.

옛날의 돌잔치는 집에서 직접 백설기와 수수팥떡 등을 만들어 돌상을 차렸지만 요즘은 음식점이나 식당에서 하는 경우가 많아요. 백설기와 수수팥떡 등을 돌상에 올리는 건 예전과 같지만, 돌잡이 물건은 돈, 연필, 마이크, 마우스, 청진기와 같은 물건으로 바뀌었어요.

tip

금줄 : 고추나 숯 등을 함께 매어 놓은 새끼줄이에요.

백일상의 의미 : 백일상에 올리는 백설기는 오래 살기를 바라는 의미, 수수팥떡은 나쁜 기운을 막아 주는 의미, 인절미는 단단하라는 의미, 송편은 속이 꽉 차라는 의미예요. 그리고 흰 실타래와 쌀은 오래 살고 복을 많이 받으라는 의미가 담겨 있어요.

• 돌잔치 때는 돌잡이를 해요.

선생님이 뽑은 문제

STEP ①

1. 백일상에 올리는 음식 중 속이 꽉 차라는 뜻이 담긴 음식은? (   )
   ① 떡국   ② 송편   ③ 인절미   ④ 백설기   ⑤ 수수팥떡

2. 오늘날 돌잔치에 대한 설명으로 알맞지 않은 것을 모두 고르시오. (   )
   ① 대부분 집에서 한다.   ② 백설기와 수수팥떡 등의 떡을 돌상에 올린다.
   ③ 돌잔치에 모인 사람들은 아기가 건강하기를 바란다.
   ④ 붓, 책, 실타래, 돈, 활 등과 같은 물건으로 돌잡이를 한다.
   ⑤ 가족뿐만 아니라 친척, 직장 동료 등 많은 사람이 모여 돌을 축하한다.

STEP ②

3. 옛날과 오늘날 돌잔치를 할 때 돌상 위에 꼭 올려놓는 떡 두 가지를 쓰시오.
   (   )

4. 옛날에 아기가 태어나면 삼칠일(21일)이 되기 전까지는 집에 함부로 사람들이 들어오지 못하게 하기 위해 친 것은 무엇인지 쓰시오.
   (   )

STEP ③

5. 돌잔치 때 돌잡이를 하는 까닭을 쓰시오.
   (   )

6. 옛날과 오늘날의 돌잔치 모습에서 변하지 않은 것을 한 가지만 쓰시오.
   (   )

정·답·힌·트

STEP 1

1. 인절미는 단단하라는 뜻이 있어요.

2. 오늘날에는 음식점이나 식당 등에서 돌잔치를 많이 하고 돈, 연필, 청진기와 같은 물건으로 돌잡이를 하지요.

STEP 2

3. 백설기는 오래 살기를 바라는 뜻이 담겨 있고, 수수팥떡은 나쁜 기운을 막아 주는 뜻이 있어요.

4. 아기와 어머니의 건강을 위해 금줄을 쳐서 나쁜 병균 같은 것들이 들어오지 못하도록 했어요.

STEP 3

5. 미래 직업과 관련된 내용이 들어가야 해요.

6. 물건의 종류는 달라졌지만 여러 가지 물건을 놓고 돌잡이를 하는 것은 같아요.

옛날의 ☐ 는 오늘날의 영구차야

교·과·서·핵·심·용·어
상여

옛날의 장례에서 관을 실어 나르는 가마를 ☐ 라고 해요.

옛날에는 사람이 죽으면 집에서 삼베로 만든 상복을 입고 5일이나 7일 동안 장례를 치렀어요. **장례는 사람이 죽은 후 치러지는 의식**을 말해요. 온 마을 사람들이 힘을 모아 장례를 도왔는데, 관을 실어 나르는 가마인 상여를 마을 사람들이 함께 메고 산소에 가서 관을 땅에 묻고 무덤을 만들었어요. 그리고 자식은 산소 옆에 움막을 짓고 그곳에서 3년 동안 살며 산소를 돌보았어요. 돌아가신 후에도 효도하는 것을 중요하게 여겼기 때문이에요.

하지만 오늘날에는 흰색 또는 검은색 한복이나 검은색 양복을 입고 장례식장에서 3일 동안 장례를 치러요. 상여 대신 영구차를 이용하고, 산소 외에도 봉안당(납골당)에 돌아가신 분을 모시거나 수목장으로 장례를 치르기도 해요.

이처럼 옛날과 오늘날은 장례 기간이나 운반 방법, 돌아가신 분을 모시는 형식이 달라졌어요. 하지만 여러 사람이 함께 슬퍼하고 많은 사람이 장례를 도와주며 돌아가신 분이 좋은 곳으로 가시기를 기원하는 것은 변하지 않았지요.

그리고 조상이 돌아가신 날이나 설, 또는 추석 같은 명절에 돌아가신 분을 그리워하는 마음으로 제사를 지내요. **제사를 지낼 때의 예절은 제례라고 해요.** 옛날에는 제사를 지내는 방법이 거의 정해져 있었어요. 하지만 오늘날에는 제사상에 정성껏 음식을 차리고 엄숙하게 절을 한 후 음식을 나누어 먹는 가정도 있고, 제사상이 없이 기도를 하는 가정도 있어요.

옛날이나 오늘날이나 돌아가신 분을 그리워하는 마음은 같지만 제사를 지내는 모습이 다른 까닭은 종교에 따라 지내는 방법이 다르거나 가정마다 제사에 대한 생각이 다르기 때문이에요.

tip
봉안당 : 납골당이라고도 하며 돌아가신 분의 뼛가루를 작은 함에 담아 모셔 두는 장소예요.
수목장 : 돌아가신 분의 뼛가루를 나무 밑에 묻는 장례를 말해요.

• 옛날에 관을 실어 나르던 가마인 상여예요.

〈정답〉 상여

선생님이 뽑은 문제

STEP ❶

1. 오늘날 돌아가신 분의 뼛가루를 작은 함에 담아 모셔 두는 장소로, 납골당이라고도 부르는 곳은 어디인가? (   )

   ① 상여   ② 산소   ③ 봉안당   ④ 수목장   ⑤ 장례식장

2. 제사를 지내는 날로 알맞은 날을 모두 고르시오. (   )

   ① 추석과 같은 명절   ② 성년식을 하는 날   ③ 결혼식을 하는 날
   ④ 한 해의 마지막 날   ⑤ 조상께서 돌아가신 날

STEP ❷

3. 다음 (   ) 안에 공통으로 들어갈 알맞은 숫자를 쓰시오.

   옛날에 부모님이 돌아가시면 자식은 부모님의 산소 옆에 움막을 짓고 그곳에서 산소를 돌보며 (   )년 동안 살았어요. 그리고 오늘날은 주로 (   )일 동안 장례를 치르지요.

4. 다음을 옛날의 장례 순서에 맞게 차례대로 기호를 쓰시오.

   (   ) ⇨ (   ) ⇨ (   ) ⇨ (   )

   ㉠ 상여를 메고 산소까지 간다.
   ㉡ 관을 땅에 묻고 무덤을 만든다.
   ㉢ 삼베로 만든 상복을 입고 짚신을 신는다.
   ㉣ 부모님 산소 옆에 움막을 짓고 산소를 돌보며 3년 동안 산다.

STEP ❸

5. 오늘날에는 집집마다 제사를 지내는 모습이 다른 까닭을 쓰시오.
   (   )

6. 옛날과 오늘날 제사의 변하지 않은 점을 쓰시오.
   (   )

정·답·힌·트

STEP 1

1. 봉안당은 돌아가신 분의 뼛가루를 작은 함에 담아 모셔 두는 장소예요.

2. 제사는 돌아가신 분을 그리워하는 마음으로 지내는 것이에요.

STEP 2

3. 옛날에는 장례를 5일이나 7일 동안 치렀어요.

STEP 3

5. 옛날에는 제사를 지내는 모습과 방법이 거의 정해져 있었어요.

6. 옛날과 오늘날 제사의 형식은 바뀌었지만 마음은 변하지 않아요.

☐ 이란 치우치게 생각하는 것이야

교·과·서·핵·심·용·어

편견

☐ 이란 나와 다르고 익숙하지 않은 것에 대하여 치우치게 생각하는 것이에요.

나와 다르고 익숙하지 않은 것에 대하여 치우치게 생각하는 경우가 있어요. 그런 것을 편견이라고 해요. 편견을 갖게 되면 사람들을 구별하는 행동을 하게 되어 차별을 하게 되지요. 문화적 편견은 어떤 문화가 좋고 어떤 문화가 나쁘다고 생각하는 것이에요. 어느 한쪽의 문화만 옳다고 생각하기 때문에 문화적 편견이 생기게 되지요.

프랑스인은 맨손으로 밥을 먹으면 지저분하다고 생각하고, 인도인은 왼손을 사용해서 밥을 먹으면 부정을 탄다고 생각해요. 한국인은 밥그릇을 손에 들고 먹으면 복이 달아난다고 생각하고, 일본인은 밥을 먹을 때 밥그릇을 손에 들고 얌전히 먹어야 한다고 생각해요. 이러한 것들이 모두 문화적 편견이에요. 문화적 편견을 가지면 문화적 차별의 문제가 나타나게 되어요.

생김새, 옷 입은 모습, 종교가 다르다는 이유로 다른 나라의 문화를 부정적으로 생각하고 무시하는 것도 문화적 편견이며 차별이에요. 반대로 우리 음악보다 외국 음악이 더 좋다고 생각하고, 외국 옷이나 물건이 더 좋다며 우리 문화에 대해 편견을 갖고 차별하는 사람들도 있어요.

이러한 문화적 편견과 차별을 해결하기 위해서는 나와 다른 문화를 이해하려고 노력해야 해요. 그리고 어떤 문화만이 좋다는 생각에서 벗어나 다양한 문화의 차이를 인정하며, 다른 문화를 가진 사람들을 배려하고 다른 문화를 존중하는 태도를 지녀야 해요.

tip

나라마다 다른 인사 예절

프랑스 : 껴안으며 서로의 양 볼을 갖다 댐
중국 : 양손으로 팔꿈치를 잡고 무릎을 살짝 구부림
인도 : 두 손을 펴서 가슴에 모으고 고개 살짝 숙임
이누이트 족 : 반갑다는 뜻으로 서로의 뺨을 침
티베트 : 자신의 귀를 잡아당기며 혀를 길게 내밀

• 한국인은 밥공기를 놓고 먹고, 일본인은 들고 먹어요.

〈정답〉 편견

선생님이 뽑은 문제

STEP ❶

1. 문화적 편견을 가지고 있는 모습을 모두 고르시오. (   )

   ① 다른 나라의 문화를 존중한다.　② 밥그릇을 들고 먹으면 복이 달아난다.
   ③ 다양한 문화의 차이를 인정해야 한다.
   ④ 맨손으로 식사하는 문화를 없애야 한다.
   ⑤ 다른 나라의 인사 예절이 우리와 달라도 존중한다.

2. 우리 문화에 대하여 편견을 갖고 차별하는 경우가 아닌 것은? (   )

   ① 영어를 많이 섞어서 대화를 한다.
   ② 영어로 쓴 건물 간판이 많이 있다.
   ③ 우리나라 제품보다 외국 제품을 많이 산다.
   ④ 외국 음식보다 우리 음식을 더 자주 먹는다.
   ⑤ 우리 음악보다 외국 음악이 더 좋다고 생각한다.

STEP ❷

3. 다음의 각 나라와 인사 예절을 바르게 연결하시오.

   ① 중국　　　　•　　•　㉠ 반갑다는 뜻으로 서로의 뺨을 침
   ② 인도　　　　•　　•　㉡ 두 손을 펴서 가슴 높이에서 모으고
   　　　　　　　　　　　　　고개를 살짝 숙임
   ③ 프랑스　　　•　　•　㉢ 양손으로 팔꿈치를 잡고 무릎을 살짝 구부림
   ④ 이누이트 족　•　　•　㉣ 껴안으며 서로의 양 볼을 갖다 댐

STEP ❸

4. 문화적 편견과 차별 문제를 해결하기 위해 나의 생각을 어떻게 바꾸어야 하는지 쓰시오.

   (   )

정·답·힌·트

STEP 1

1. 문화적 편견이란 어떤 문화가 좋고 어떤 문화가 나쁘다고 생각하는 것이에요.

2. 다른 나라의 문화가 더 좋다는 생각을 하게 되면 우리말이 점점 사라질 수도 있어요.

STEP 2

3. 나라마다 문화가 다르듯이 인사 예절도 다르지요.

나라마다 다른 문화의 차이를 인정해야 해.

정답 1. ②, ④　2. ④　3. ①-㉢, ②-㉡, ③-㉣, ④-㉠　4. 세계 여러 나라의 문화가 서로 다르다는 것을 인정한다. 문화의 차이를 인정하고 서로를 존중한다. 나와 다른 문화를 무시하거나 차별하지 않는다. 다른 문화를 존중하고 이해하려 노력한다. 다른 문화를 배워 나의 사고방식을 넓힌다.

깊이 알아보기
세계의 여러 나라

우리가 사는 지구에는 매우 많은 나라가 있어요. 이 나라들은 아시아 대륙, 오세아니아 대륙, 아프리카 대륙 그리고 북아메리카와 남아메리카 대륙에 위치하고 있지요. 각 대륙별로 주요 나라들과 특징을 알아보아요.

• 아시아 대륙

- **일본** – 지진과 태풍이 많이 일어나요. 천황이 있지만 정치는 수상을 중심으로 하는 의원 내각제를 채택하고 있어요.
- **중국** – 세계에서 가장 많은 인구를 가지고 있는 나라이자 황하 문명이 탄생한 곳이에요. 세계 최강의 국가를 꿈꾸고 있어요.
- **인도** – 세계 인구수 2위로 인더스 문명이 발생한 나라예요. 불교가 발상한 곳이지만 대부분이 힌두교를 믿어요. 아직도 신분을 나누어 차별하는 카스트 제도가 남아 있어요.
- **터키** – 유럽, 아시아, 아프리카 세 대륙의 교차로에 있는 이슬람 국가로 동양과 서양을 연결하는 다리 역할을 했어요.

• 타지마할은 인도의 대표적인 건축물이에요.

• 오세아니아 대륙

- **호주** – 국토의 90% 이상이 사막, 고원이어서 해변가를 중심으로 도시가 형성되어 있어요.

• 유럽 대륙

- **영국** – 영어의 본고장으로 잉글랜드, 스코틀랜드, 웨일스, 북아일랜드로 이루어진 섬나라예요.
- **프랑스** – 지리적·문화적으로 유럽의 중심이었고 수많은 화가와 음악가 등을 배출한 예술의 나라예요.
- **스페인** – 아프리카와 유럽, 지중해와 대서양을 잇고 있어 복합적인 문화유산을 가지고 있는 나라예요.
- **그리스** – 유럽 문명의 발상지이자 고대 민주주의의 요람이에요. 고대 올림픽이 처음으로 시작된 나라로 서

양 문화의 뿌리라고 할 수 있어요.

- **러시아** – 1917년 세계 최초로 사회주의 국가가 되어 소련을 만들었지만 1992년에 해체되었어요. 지금도 우주 개발 등 과학 기술은 세계 최고의 수준이에요.

• 아프리카 대륙

- **이집트** – 나일강을 중심으로 이집트 문명이 발생한 곳이에요. 지중해와 홍해 사이에 위치해 고대부터 세계 무역의 중심이 되었어요.

• 북아메리카 대륙

- **캐나다** – 세계에서 두 번째로 큰 면적을 차지하고 있지만 인구는 우리나라의 절반밖에 되지 않아요.
- **미국** – 1492년 콜럼버스가 발견한 이래 유럽 강대국들의 식민지였지만 1776년 독립 선언을 하며 미합중국을 탄생시켰어요. 오늘날 세계 1위의 경제 대국이에요.

• 남아메리카 대륙

- **브라질** – 1822년까지 포르투갈의 지배를 받았어요. 축구와 정열적인 리우 카니발, 이과수 폭포, 아마존, 커피로 유명해요.

- 브라질에는 세계에서 제일 큰 폭포인 이과수 폭포가 있어요.

선생님이 알려 주는 꿀팁

★ 사회 공부, 이렇게 하면 백점! ★

3학년이 되면 처음으로 만나는 교과들이 많은데 사회도 그중 하나예요.
처음 만나 낯설기는 하겠지만 사회는 어려운 과목은 아니에요. 지금부터 선생님이 사회 공부 비법을 알려 줄게요.
이 비법대로 공부하다 보면 금세 사회 과목과 친해질 수 있답니다.

꿀팁1 다양한 방법으로 사회 과목에 흥미를 가져요

3학년 사회는 나, 가족에서 이웃, 사회, 국가로 범위가 넓어져요. 그러므로 우리 집의 위치는 어디인지 인터넷 지도를 통해 찾아보기, 다양한 이동 수단 경험하기, 우리 고장의 중심지 방문하기, 우리 지역 자랑거리 찾아보기, 박물관, 민속촌, 전시회장 견학하기, 전래놀이 경험하기, 평소에 TV 뉴스, 세계 다큐멘터리, 신문, 라디오, 잡지 살펴보기 등의 다양한 체험 활동으로 사회 과목에 흥미를 갖고 재미를 느끼는 것이 가장 중요해요.

꿀팁2 여러 주제에 대해 친구들과 토의해요

친구들과 함께 관심 있는 사회 현상에 대해 생각해 보고 주제를 정한 뒤 토의를 통해 서로의 생각을 말해 보아요. 다양한 시각을 기를 수 있어요. 우리 고장의 자연환경과 사람들의 생활 모습은 어떤 관계가 있을지, 미래의 이동 수단과 의사소통 수단의 모습은 어떠할지, 우리 고장에서 미래에 중심지가 될 만한 곳은 어디일지, 지역 간 교류가 이루어지지 않고 살아갈 수 있을지, 조상들의 슬기와 멋이 담긴 김치, 한복, 온돌을 꼭 후손들에게 물려줘야 할지, 문화적 편견으로 생기는 차별이 나쁘다고 할 수 있을지 등의 토의를 통해 생각하는 힘을 기를 수 있을 거예요.

꿀팁3 외우지 말고 이해해요

사회 과목은 지식의 암기도 필요하지만 무조건 외우는 것이 아니라 이해하는 능력이 필요해요. 특히 3학년 사회 과목은 지도나 도표, 그래프를 보고 해석하는 능력이 필요하지요. 그러므로 평소에 신문이나 뉴스 등에서 나오는 지도, 도표, 그래프를 살펴보고 사진, 삽화 등도 자세히 살펴보는 습관이 필요해요.

꿀팁4 교과서 외의 관련 도서를 읽어요

교과서의 내용만으로는 사회 공부를 잘할 수 없어요. 궁금한 부분이 있으면 독서를 통해 보다 더 자세히 알아보는 게 좋아요. 위인전, 전래 동화 및 역사동화, 교과서와 관련된 교양 도서 읽기 활동은 교과서에서 배울 수 없는 여러 가지 정보를 더 깊이 이해하는 데 많은 도움이 될 거예요. 그리고 백과사전이나 국어사전을 가까이 두고 궁금한 낱말 등을 바로바로 찾아 이해하는 습관도 중요해요.

꿀팁5 교과서와 노트 필기를 활용해요

교과서를 읽을 때에는 가장 먼저 차례를 보며 전체적인 흐름을 파악해요. 그리고 큰 제목, 작은 제목을 꼼꼼하게 살펴본 뒤 단원의 내용을 살펴보는 것이 중요하지요. 이때, 교과서에 나온 지도나 그래프는 꼭 자세히 살펴보아야 해요. 그리고 요약 정리된 것을 보고 외우는 것보다는 수업 시간에 배운 내용이나 요약 정리된 내용을 자신이 직접 다시 필기하며 정리하는 습관을 기르는 것이 좋아요.